Las voces del desierto

Marlo Morgan

LAS VOCES DEL DESIERTO

Traducción de
Gemma Moral Bartolomé

CÍRCULO DE LECTORES

Dedico este libro a mi madre;
a mis hijos, Carri y Steve;
a mi yerno, Greg;
a mis nietos, Sean Janning
y Michael Lee;
y muy especialmente a mi padre.

Agradecimientos

Este libro no existiría de no ser por dos personas muy especiales, dos almas que me acogieron bajo sus protectoras alas y pacientemente me animaron a volar, a remontarme. Mis más efusivas gracias a Jeannette Grimme y Carri Garrison por compartir este viaje literario con una profundidad más allá de toda medida.

Gracias al escritor Stephen Mitchell por su valiosa colaboración y por animarme con estas palabras: «Si no he traducido siempre las palabras, cuando menos he intentado traducir siempre su significado».

Gracias a Og Mandino, al doctor Wayne Dyer y a la doctora Elisabeth Kübler-Ross, todos ellos escritores y profesores de talento y personas auténticas.

Gracias al joven Marshall Ball por dedicar su vida a la enseñanza.

Gracias también a tía Nola, al doctor Edward J. Stegman, a Georgia Lewis, Peg Smith, Dorothea Wolcott, Jenny Decker, Jana Hawkins, Sandford Dean, Nancy Hoflund, Hanley Thomas, a la reverenda Marilyn Reiger, al reverendo Richard Reiger, a Walt Bondine, Jack Small, Jeff Small y Wayne Baker de Arrow Printing, a Stephanie Gunning y Susan Moldow de Harper-Collins, a Robyn Bem, a Candice Fuhrman, y muy especialmente a Steve Morgan, presidente de MM Co.

El hombre no teje la trama de la vida,
no es más que una de sus hebras.
Todo lo que le hace a la trama, se lo hace a sí mismo.

JEFE INDIO SEATTLE

El único modo de superar una prueba es realizarla.
Es inevitable.

EL ANCIANO CISNE NEGRO REAL

Sólo cuando se haya talado el último árbol,
sólo cuando se haya envenenado el último río,
sólo cuando se haya pescado el último pez;
sólo entonces descubrirás que el dinero no es comestible.

PROFECÍA DE LOS INDIOS CREE

Nací con las manos vacías,
moriré con las manos vacías.
He visto la vida en su máxima expresión,
con la manos vacías.

MARLO MORGAN

De la autora al lector

Este libro está basado en hechos reales e inspirado en una experiencia personal. Como podrán comprobar, yo no disponía de un cuaderno de notas. Se vende como novela para proteger a la pequeña tribu de aborígenes de posibles problemas legales. He omitido detalles para complacer a amigos que no desean ser identificados y para garantizar que el emplazamiento de nuestro lugar sagrado continúe siendo secreto.

He incluido información histórica importante para ahorrar al lector consultas bibliográficas. También les ahorraré un viaje a Australia. La situación actual de los aborígenes es fácilmente observabable en cualquier ciudad de Estados Unidos, donde la gente de color vive en un barrio concreto, más de la mitad se encuentra en el paro, y la que tiene empleo realiza los peores trabajos. Su cultura parece haberse perdido; como los indígenas americanos, se han visto forzados a vivir en los lugares que se les asigna, y durante generaciones les han prohibido practicar sus ritos sagrados.

¡Lo que no les puedo ahorrar es este mensaje!

Da la impresión de que tanto en América como en África y Australia se está intentando mejorar las relaciones interraciales. Sin embargo, en algún lugar del árido corazón del *Outback*[1] perdura un latido lento, firme y antiguo, y existe un

---

1. El término *Outback* se refiere a regiones rurales y remotas de un país, pero sobre todo a las zonas desérticas del interior de Australia y Nueva Zelanda. *(N. de la T.)*

grupo incomparable de personas a las que no les preocupa el racismo sino únicamente su prójimo y el entorno que lo rodea. Quien comprende esa pulsación comprende mejor al ser humano o la esencia humana.

Este libro fue una obra pacífica que yo misma publiqué y que se convirtió en motivo de controversia. De su lectura se desprenderán varias posibles conclusiones. Al lector podría parecerle que el hombre al que me refiero como intérprete no respetó años atrás las leyes y normas del gobierno en cuanto a censo, impuestos, votaciones, explotación del suelo, licencia de minas, registro de muertes y nacimientos, etcétera. También es posible que ayudara a otros miembros de la tribu a infringirlas. Me han pedido que diera a conocer a este hombre y que condujera a un grupo por el desierto, siguiendo la misma ruta que hicimos nosotros. Pero me he negado. Habrá por tanto quien diga tal vez que soy culpable de ayudar a esas personas a incumplir las leyes, o que miento y esa gente no existe ya que no he dado a conocer a los miembros de la tribu.

Ésta es mi respuesta: no hablo en nombre de los aborígenes australianos. Hablo tan sólo en nombre de un pequeño grupo del *Outback*, al que denominan los Salvajes o los Antiguos. Volví a visitarlos y regresé a Estados Unidos a finales de diciembre de 1993. Y nuevamente me bendijeron y aprobaron el modo en que estaba realizando esta misión.

Para mis lectores tengo una advertencia: algunas personas sólo piden entretenimiento. Así pues, si usted es una de ellas, tendré que pedirle que lea, disfrute y olvide, como haría con cualquier otro buen espectáculo. Aunque considere este libro como una novela, no quedará decepcionado, pues merece el dinero que ha pagado por ella.

Si por el contrario quien lee estas páginas es de aquellos que escuchan los mensajes, éste le llegará alto y claro. Lo sentirá en las entrañas, en el corazón, en la cabeza y en la médula de los huesos. ¿Sabe una cosa? Muy bien podría haber sido usted el elegido para este *walkabout*[1] y, créame, muchas veces deseará que así fuera.

Todos debemos vivir nuestras propias experiencias en una región inexplorada, sólo que las mías ocurrieron realmente en el *Outback*. Pero me limité a hacer lo que cualquiera hubiera hecho en mi lugar.

Ojalá estas gentes conmuevan su corazón cuando pasen estas páginas. Escribí las palabras en inglés, pero su verdad no conoce idiomas.

Les sugiero que prueben el mensaje, disfruten de cuanto les parezca adecuado y desechen el resto. Después de todo, ésa es la ley del cosmos.

Siguiendo las tradiciones de la gente del desierto, también yo he adoptado un nuevo nombre para reflejar un nuevo talento.

Con mis mejores deseos,
Lengua que Viaja

---

1. Breve retiro a la vida errante de las regiones del interior de Australia que suelen tomarse los aborígenes de vez en cuando. *(N. de la T.)*

1

La distinguida invitada

Al parecer debería haber recibido algún tipo de aviso, pero yo no me percaté de nada. Los acontecimientos ya se habían desencadenado. El grupo de depredadores se hallaba sentado a kilómetros de distancia aguardando su presa. Al día siguiente, una etiqueta sobre el equipaje que yo había deshecho una hora antes rezaría SIN RECLAMAR, y éste permanecería almacenado, un mes tras otro. Iba a convertirme en uno de tantos norteamericanos desaparecidos en un país extranjero.

Era una sofocante mañana de octubre. Estaba de pie, con la vista fija en el camino de entrada al hotel australiano de cinco estrellas, esperando a un mensajero desconocido. En lugar de recibir una advertencia, mi corazón cantaba. Me sentía muy bien, excitada, triunfante y preparada. Interiormente me decía: «Hoy es mi día».

Un jeep descubierto enfiló la entrada circular. Recuerdo que oí el chirrido de los neumáticos sobre el pavimento humeante. Una fina llovizna roció el metal oxidado por encima del follaje de los cayeputi intensamente rojos que flanqueaban el sendero. El jeep se detuvo y el conductor, un aborigen de treinta años, me hizo un gesto con la mano para que me acercara. Él buscaba a una americana rubia. Yo esperaba que me escoltaran a una reunión tribal aborigen. Bajo la mirada crítica de los ojos azules del portero *aussie*[1], el conductor y yo convinimos mentalmente en nuestro acierto.

Antes incluso de realizar torpes esfuerzos para subir al ve-

1. Australiano. *(N. de la T.)*

hículo todo terreno a causa de los tacones, resultó evidente que me había vestido de forma inadecuada. El joven conductor que tenía a mi derecha llevaba pantalones cortos, una sucia camiseta blanca y zapatillas de tenis sin calcetines. Yo había supuesto que utilizarían un automóvil normal, tal vez un Holden, el orgullo de la industria automovilística australiana, cuando me dijeron que pasarían a buscarme. Jamás hubiera imaginado que me enviarían un vehículo completamente abierto. Bueno, en cuestión de vestuario antes prefería pecar por exceso que por defecto para asistir a una reunión en mi honor, con banquete y entrega de premio.

Me presenté. Él se limitó a asentir y actuó como si supiera quién era yo. El portero frunció el ceño cuando pasamos por delante de él. Recorrimos las calles de la ciudad costera dejando atrás las hileras de casas con porche, las cafeterías y los parques de cemento sin hierba. Me aferré a la manilla de la puerta cuando rodeamos una plaza circular en que convergían seis carreteras. Cuando enfilamos una de ellas, el sol quedó a mi espalda. El traje de chaqueta color melocotón que me había comprado y la blusa de seda a juego empezaban a darme calor. Supuse que el edificio estaría al otro lado de la ciudad, pero me equivocaba. Entramos en la carretera principal, que discurría paralela a la costa. Al parecer, la reunión se llevaría a cabo fuera de la ciudad, más lejos del hotel de lo que yo esperaba. Me quité la chaqueta, pensando en lo estúpida que había sido por no haberme informado mejor. Al menos llevaba un cepillo en el bolso, y la media melena teñida recogida en una elegante trenza.

No había perdido la curiosidad tras recibir la primera llamada telefónica, aunque no podía decir que aquello me cogiera realmente por sorpresa. Después de todo, no era la primera muestra cívica de reconocimiento que recibía, y mi proyecto había tenido un gran éxito. Tarde o temprano había de notarse mi trabajo con los aborígenes adultos que vivían en las ciudades, en un ambiente marginal, que habían demostrado abiertamente tendencias suicidas, y en quienes había conseguido inculcar el sentido de la utilidad y del éxito financiero. Me sorprendió que la tribu de la que procedía la invitación viviera a tres mil doscientos kilómetros, en la costa opuesta del continente, porque yo sabía muy poco de las naciones aborígenes, excepto los comentarios superficiales que oía ocasionalmente. No sabía si se trataba de una raza común o si, al igual que los nativos americanos, existían grandes diferencias entre sus distintas lenguas.

Sentía curiosidad sobre todo por saber qué pensaban regalarme. ¿Otra placa de madera grabada para almacenar en Kansas City? ¿Un simple ramo de flores? No, no podían ser flores, con cuarenta grados de temperatura; además, resultarían muy engorrosas de llevar en el vuelo de regreso. El conductor había llegado puntual, a las doce del mediodía, como se había acordado. Así pues, por lógica, estaba segura de que me ofrecerían un almuerzo. Me pregunté qué demonios pondría para comer una asamblea de nativos. Confiaba que no fuera la tradicional comida australiana servida por un proveedor. Tal vez se tratara de un *buffet* improvisado y por primera vez podría probar platos aborígenes. Esperaba ver una mesa cubierta de pintorescos cacharros.

Me disponía a pasar por una experiencia maravillosa y única y aguardaba con ansia que fuera un día memorable. En el bolso, que había comprado expresamente para la ocasión, llevaba una cámara fotográfica de 35 mm y un pequeño magnetófono. No me habían dicho nada sobre micrófonos ni focos, ni me habían pedido que pronunciara un discurso, pero yo iba preparada. Una de mis mayores cualidades era la previsión. Después de todo tenía cincuenta años y en mi vida había sufrido la suficiente vergüenza y desilusión como para saber adoptar planes alternativos. Mis amigos destacaban mi eficacia. «Siempre con un plan B en la manga», les oía comentar.

Un tren de carretera (como llaman los australianos a un grupo de enormes camiones con remolque circulando en convoy) pasó por nuestro lado en dirección opuesta. Los camiones emergieron de repente de las ondulaciones que producía el calor en el aire, justo en el centro de la carretera. Salí de mi ensoñación con una sacudida cuando el conductor dio un volantazo y dejamos la carretera para enfilar un camino de tierra desigual que se extendía durante kilómetros en medio de una niebla de polvo rojo. En algún lugar desaparecieron los dos profundos surcos y me di cuenta de que ya no había camino delante de nosotros. Íbamos haciendo eses entre los arbustos y dando tumbos por el accidentado desierto arenoso. Intenté entablar conversación varias veces, pero el ruido del vehículo descubierto, el roce de los bajos del chasis y los botes que daba mi cuerpo lo hacían imposible. Tenía que mantener las mandíbulas apretadas con fuerza para no morderme la lengua. Evidentemente, el chófer no tenía interés en entablar conversación.

La cabeza me rebotaba como si fuera una muñeca de trapo. Cada vez hacía más calor. Tenía la impresión de que las medias se me habían derretido en los pies, pero temía quitarme los zapatos por miedo a que salieran disparados a la planicie cobriza que nos rodeaba hasta donde alcanzaba la vista. No confiaba en que el mudo conductor se detuviera para recogerlos. Cada vez que se me empañaban las gafas de sol, me las limpiaba con el borde de la combinación. El movimiento de los brazos abría la compuerta a un río de sudor. Notaba que el maquillaje se me iba disolviendo y me imaginaba el colorete rosado de las mejillas resbalándome en churretes rojos hasta el cuello. Habrían de concederme veinte minutos para arreglarme antes de la presentación. ¡Insistiría!

Miré el reloj; habían transcurrido dos horas desde que entramos en el desierto. Hacía años que no pasaba tanto calor y que no me sentía tan incómoda. El conductor permanecía callado, salvo algún canturreo ocasional. De pronto me di cuenta: ¡No se había presentado! ¡Quizá no me hallaba en el vehículo correcto! Pero eso era una tontería. Yo no podía bajarme, y él, desde luego, parecía seguro de llevar la pasajera correcta.

Cuatro horas más tarde nos acercábamos a un cobertizo

hojalata ondulada. En el exterior ardía un pequeño fuego y dos mujeres aborígenes se levantaron al vernos. Ambas eran bajas y de mediana edad, iban escasamente vestidas y nos recibieron con una cálida sonrisa. Una de ellas llevaba una cinta en el pelo de la que escapaban gruesos rizos negros en extraños ángulos. Las dos parecían delgadas y atléticas, con rostros llenos y redondos en los que relucían los ojos castaños. Cuando me bajé del jeep, mi chófer dijo: «Por cierto, soy el único que habla inglés. Seré tu intérprete, tu amigo».

«¡Fantástico! –pensé–. Me he gastado setecientos dólares en el billete de avión, la habitación del hotel y ropa nueva para mi presentación a los nativos australianos, y ahora resulta que no saben inglés ni deben tener idea de la moda actual.»

Bueno, allí estaba, así que más valía que intentara adaptarme, aunque en el fondo sabía que no podría.

Las mujeres hablaron con ásperos sonidos extraños que no parecían frases sino palabras sueltas. Mi intérprete se volvió hacia mí y me explicó que debía limpiarme para poder asistir a la reunión. No comprendí a qué se refería. Era cierto que estaba cubierta de varias capas de polvo y sudor por el viaje, pero no parecía que ése fuera el significado. Me tendió una pieza de tela para envolverme el cuerpo, y que al desplegarla adquirió el aspecto de un harapo. Me dijeron que debía quitarme la ropa y ponérmelo. «¿Qué? –pregunté, incrédula–. ¿Habla en serio?» Él repitió las instrucciones con severidad. Miré a mi alrededor buscando un lugar donde cambiarme; no había ninguno. ¿Qué podía hacer? El viaje había sido demasiado largo y había soportado excesivas incomodidades como para negarme al final. El joven se alejó. «Oh, qué más da. Estaré más fresca que ahora» –me dije. Así pues, con la mayor discreción posible, me quité la ropa nueva y manchada, la doblé con esmero y me puse el atuendo nativo. Coloqué mis cosas sobre la piedra que momentos antes había servido de asiento a las mujeres en su espera. Me sentí ridícula con aquel trapo descolorido y lamenté haberme gastado el dinero en ropa «para causar buena impresión». El joven reapareció. También él se había mudado.

Se acercó a mí casi desnudo, vestido únicamente con un trapo a modo de bañador y descalzo, como las mujeres junto al fuego. Me dio entonces instrucciones de quitármelo todo: zapatos, medias, ropa interior, y todas las joyas, incluso los pasadores con que me sujetaba el pelo. Lentamente mi curiosidad empezaba a disiparse para dar paso a la aprensión; aun así hice lo que me pedía.

Recuerdo que metí las joyas en un zapato. También hice algo que parece ser natural en las mujeres, aunque estoy segura de que no nos enseñan a hacerlo: coloqué la ropa interior escondida entre las demás prendas.

Un manto de espeso humo gris se elevó de los rescoldos cuando añadieron más maleza seca. La mujer de la cinta en el pelo cogió lo que parecía el ala de un enorme halcón negro y lo abrió para formar un abanico. Lo agitó frente a mí desde la cabeza a los pies. El humo se arremolinó, sofocándome. Luego la mujer movió el dedo índice dibujando un círculo, lo que interpreté como «date la vuelta». El ritual del humo se repitió a mi espalda. Después me pidieron que pasara por encima del fuego y a través del humo.

Finalmente me dijeron que había quedado limpia y que podía entrar en el cobertizo metálico. Cuando mi escolta masculino de color bronce rodeó conmigo el fuego en dirección a la entrada, vi que la misma mujer recogía todas mis cosas. Las sostuvo en alto sobre las llamas. Me miró, sonrió y, al tiempo que nos reconocíamos con la mirada, dejó caer los tesoros que tenía en las manos. ¡Todas mis pertenencias arrojadas al fuego! La mujer me indicó entonces con un gesto que pasara sobre el fuego atravesando el humo.

Por un momento mi corazón dejó de latir; lancé un profundo suspiro. No comprendo cómo no solté un grito de protesta y corrí inmediatamente a recuperarlo todo. Pero no lo hice. La expresión del rostro de la mujer indicaba que su acción carecía de malicia; lo había hecho como el que ofrece a un extraño una insólita muestra de hospitalidad. «Es sólo una ignorante –pensé–. No entiende de tarjetas de crédito ni de documentos importantes.» Di gracias por haber dejado el billete de avión en el hotel. Allí tenía también más ropa, y ya me las ingeniaría para atravesar el vestíbulo con aquel atuendo cuando llegara el momento. Recuerdo que me dije: «Hey, Marlo, eres una persona tolerante. No vale la pena que te salga una úlcera por esto». Pero tomé nota mentalmente de sacar más tarde uno de los anillos de entre las cenizas. Con un poco de suerte el fuego se extinguiría antes de que tuviera que volver a la ciudad en el jeep.

Pero no iba a ser así.

Sólo después comprendí la simbología que encerraba el acto de quitarme las valiosas joyas que yo consideraba tan necesarias. Aún me faltaba aprender que, para aquella gente, el tiempo no tenía absolutamente nada que ver con las horas del reloj de oro y diamantes entregado para siempre al fuego.

Mucho tiempo después comprendería que aquella liberación del apego a los objetos y a ciertas creencias era un paso imprescindible en mi desarrollo humano hacia el ser.

2

Votos falsos en la urna

Entramos por el lado abierto del cobertizo, formado por tres paredes y un techo. En realidad no había necesidad de puerta ni ventanas. Se había construido sencillamente para dar sombra o quizá como refugio para ovejas. En el interior, otro fuego rodeado por piedras intensificaba el calor. El espacio no parecía estar acondicionado: no había sillas, pavimento, ni ventilador; no tenía luz eléctrica. Aquel lugar estaba hecho de hojalata ondulada, que se sostenía precariamente en pie gracias a unos maderos viejos y podridos.

Pese a la luminosidad a que habían estado expuestos durante las cuatro horas anteriores, mis ojos se adaptaron rápidamente a la penumbra y al humo. Había un grupo de aborígenes adultos de pie o sentados en la arena. Los hombres llevaban vistosas cintas de colores en la cabeza y plumas sujetas a los brazos y en torno a los tobillos. Vestían el mismo tipo de taparrabos que el conductor. Éste ño iba pintado, pero los demás tenían dibujos en rostro, brazos y piernas. Habían usado el blanco para hacer puntos, rayas y otras figuras más complejas. Dibujos de lagartos adornaban sus brazos, mientras que en las piernas y la espalda ostentaban serpientes, canguros y pájaros.

Las mujeres eran menos festivas. Tenían aproximadamente mi estatura: cerca del metro setenta. La mayoría eran mayores, pero tenían la piel achocolatada, de aspecto suave y saludable. No vi ninguna con el pelo largo; la mayoría lo tenía rizado y muy corto. Las que lo tenían más largo lo llevaban bien sujeto con una estrecha cinta entrecruzada alrededor de la cabeza. Una anciana de cabellos blancos que estaba cerca de la entrada llevaba una guirnalda de flores pintada a mano en torno al cuello y los tobillos. Las hojas, dibujadas al detalle y las flores con sus estambres constituían el toque artístico. Todas las mujeres vestían dos piezas de tela o una prenda atada en torno al cuerpo como la mía. No vi niños pequeños, sólo un adolescente.

Mi mirada fue atraída por el hombre que lucía el atuendo más trabajado de todos. Tenía los negros cabellos salpicados de gris, y la barba recortada acentuaba la fuerza y la dignidad de su rostro. En la cabeza llevaba un asombroso tocado hecho de brillantes plumas de papagayo. También él se había adornado brazos y tobillos con plumas. Alrededor de la cintura llevaba atados diversos objetos y ostentaba un peto circular de intrincada artesanía, hecho de piedras y semillas. Algunas mujeres llevaban objetos similares, aunque más pequeños, a modo de collares.

El hombre tendió sus manos hacia mí, sonriente. Cuando miré sus ojos negros y aterciopelados sentí una paz y seguridad absolutas. Creo que tenía el rostro más amable que jamás he visto.

No obstante, mis emociones eran contradictorias. Los rostros pintados y los hombres de pie al fondo con lanzas afiladas como cuchillas me atemorizaban y, sin embargo, todos tenían una agradable expresión, y un sentimiento de bienestar y amistad parecía impregnar el ambiente. Conseguí controlar mis emociones juzgando mi propia estupidez. Aquello no se parecía ni remotamente a lo que había esperado hallar. Ni en sueños habría podido imaginar una atmósfera tan amenazadora en la que hubiera tanta gente con aspecto amable. Si mi cámara no hubiera sido devorada por las llamas en el exterior de la choza, habría podido hacer hermosas diapositivas para mostrarlas a un público cautivado de parientes o amigos. Mis pensamientos volvieron al fuego. ¿Qué más se estaba quemando? Me estremecí al pensarlo: el permiso de conducir internacional; billetes australianos de color naranja; el billete de

cien dólares que había llevado durante años en un compartimento secreto de mi monedero y que databa de mi época ju-
venil como empleada de una compañía telefónica; uno de mis
lápices de labios favoritos, imposible de encontrar en este
país; el reloj de diamantes, y el anillo que me regaló tía Nola
cuando cumplí dieciocho años; todo eso alimentaba el fuego.

Mi inquietud se desvaneció cuando Outa, el intérprete,
me presentó a la tribu. Él pronunciaba su nombre alargando
la «u», y luego terminaba bruscamente con el «ta».

Los aborígenes se referían al fraternal hombre de los increíbles ojos como el Anciano de la Tribu. No era el más anciano del grupo, sino más bien lo que nosotros consideraría-
mos un jefe.

Una mujer se puso a entrechocar unos palos y pronto
otros la imitaron. Los que portaban las lanzas empezaron a
golpear el suelo con ellas, y algunos daban palmadas. Todo el
grupo empezó a cantar y salmodiar. Con un ademán de la
mano me invitaron a sentarme en el suelo de arena. El grupo
celebraba un *corroboree* o fiesta. Al terminar una canción se
iniciaba otra. Yo ya había notado que algunos llevaban en los
tobillos brazaletes hechos de grandes vainas, y cuando las semillas secas que éstas contenían se convirtieron en carracas
pasaron a ser el centro de atención. En algunos momentos
bailaba una sola mujer, luego un grupo. Algunas veces los
hombres bailaban solos, otras los acompañaban las mujeres.
Estaban compartiendo su historia conmigo.

Finalmente el ritmo de la música se sosegó, y los movimientos fueron ejecutándose mucho más despacio hasta que
cesaron por completo. Tan sólo quedó un ritmo muy regular
que parecía sincronizado con los latidos de mi corazón. Todos permanecieron inmóviles y en silencio. Miraron a su jefe.
Éste se levantó y se acercó hasta situarse frente a mí, con una
sonrisa en los labios. Reinaba una indescriptible atmósfera de
armonía. Yo tenía la sensación de que éramos viejos amigos,
pero no era cierto, claro. Supuse que su presencia me hacía
sentir cómoda y lo acepté, sencillamente.

El Anciano se quitó un largo tubo de piel de ornitorrinco que llevaba atado a la cintura y lo sacudió en alto, lo abrió por el extremo y esparció el contenido en el suelo. A mi alrededor había rocas, huesos, dientes, plumas y discos de cuero. Varios miembros de la tribu señalaron el lugar en que había caído cada objeto. Para hacer las marcas en el suelo utilizaron indistintamente los dedos de los pies y de las manos. Después volvieron a meter los objetos en la bolsa. El Anciano dijo algo y me la tendió. Aquello parecía Las Vegas, así que sostuve el tubo en el aire y lo sacudí. Repetí el juego abriendo el extremo y arrojando el contenido, sin controlar en absoluto dónde caía cada objeto. Dos hombres a cuatro patas midieron la distancia entre el lugar donde habían caído mis objetos y los del Anciano, tomando como referencia la longitud del pie de otro aborigen. Algunos miembros del grupo intercambiaron unos cuantos comentarios, pero Outa no se ofreció a traducírmelos.

Hicimos varias pruebas esa tarde. En una de las más impresionantes se utilizaba una pieza de fruta de piel gruesa como la del plátano, pero en forma de pera. Me dieron la fruta de color verde claro y me pidieron que la bendijera. No tenía la menor idea de lo que eso significaba, así que me limité a decir mentalmente: «Señor mío, por favor, bendice este alimento», y se la devolví al Anciano. Éste cogió un cuchillo, cortó la parte superior y empezó a pelarla. En lugar de pelarse hacia abajo como un plátano, la corteza se enrollaba en espirales. Todos los rostros se volvieron hacia mí. Me sentí incómoda con aquellos ojos oscuros fijos en mí. «Ah», dijeron todos al unísono, como si lo hubieran ensayado. Ocurría lo mismo cada vez que el Anciano pelaba un trozo. Yo no sabía si cada «ah» significaba algo bueno o malo, pero me pareció notar que la piel no se enroscaba normalmente cuando la cortaba y que, cualesquiera que fuesen los resultados de las pruebas, había conseguido pasarlas.

Una mujer joven se acercó a mí con una bandeja llena de piedras. Probablemente era un trozo de cartón más que una bandeja, pero había un montón de piedras tan alto que no podía ver el recipiente. Outa me miró muy serio y dijo: «Elige una. Elígela con acierto. Tiene el poder de salvarte la vida».

Al punto noté que se me ponía la carne de gallina, a pesar de que tenía calor y sudaba. Mis intestinos reaccionaron con sonidos característicos. Los músculos contraídos de mi estómago indicaban: «¿Qué significa eso? ¡Poder para salvarme la vida!».

Miré las piedras. Todas parecían iguales. En ninguna vi nada de particular. Sencillamente eran guijarros de color gris rojizo y del tamaño aproximado de una moneda de cinco centavos o de un cuarto de dólar. Deseé que alguna brillara o pareciera especial. No tuve suerte. Así que fingí: las miré como si realmente las estuviera estudiando, y luego elegí una de encima y la levanté con aire triunfal. En los rostros que me rodeaban se dibujaron sonrisas radiantes de aprobación, y yo me alegré mentalmente: «¡He escogido la piedra correcta!».

Pero ¿qué iba a hacer con ella? No podía dejarla caer y herir los sentimientos de aquella gente. Después de todo, aquella piedra no significaba nada para mí, aunque a ellos les pareciera importante. No tenía bolsillos donde guardarla, así que me la metí por el escote del atuendo que llevaba en ese momento, el único lugar en que se me ocurrió ponerla. Pronto me olvidé de la piedra puesta a buen recaudo en el bolsillo de la naturaleza.

Después de esto apagaron el fuego, desmontaron los instrumentos, recogieron sus escasas pertenencias y salieron al desierto. Sus morenos torsos, casi desnudos, brillaban bajo el fuerte sol mientras se colocaban en fila para el viaje. Al parecer, la reunión había concluido... sin almuerzo y sin premio. Outa fue el último en salir, pero también él echó a andar. Tras recorrer unos metros, se volvió y me dijo:

–Ven. Nos vamos.

–¿Adónde? –pregunté.

–De *walkabout*.

–¿Adónde?

–Al interior de Australia.

–¡Fantástico! ¿Cuánto durará eso?

–Aproximadamente tres cambios completos de la Luna.

–¿Te refieres a caminar durante tres meses?

–Sí, tres meses más o menos.

Suspiré profundamente. Luego anuncié a Outa, que permanecía inmóvil en la distancia:

–Bueno, eso suena muy divertido, pero verás, no puedo ir. Hoy no es precisamente un buen día para que me marche. Tengo responsabilidades, obligaciones, un alquiler, facturas sin pagar... No he hecho los preparativos. Necesitaría tiempo para arreglar las cosas antes de salir de excursión o de acampada. Quizá tú no lo comprendas; yo no soy australiana, soy americana. No puedo ir a un país extranjero y desaparecer. Tus funcionarios de inmigración se alarmarían y mi gobierno enviaría helicópteros a buscarme. Quizás en otra ocasión pueda acompañaros, si lo sé con suficiente antelación, pero ahora no. Hoy no me puedo ir con vosotros. Hoy no es un buen día, sencillamente.

Outa sonrió.

–Todo está en orden. Todo el mundo sabrá lo que necesite saber. Mi gente oyó tu grito de auxilio. Si alguien de la tribu hubiese votado en tu contra, no harían este viaje. Te han puesto a prueba y te han aceptado. Es un honor excepcional que no puedo explicar. Debes vivir la experiencia. Es muy importante que lo hagas en esta vida. Has nacido para ello. La Divina Unidad ha intervenido; es tu mensaje. No puedo decirte más.

»Ven. Síguenos. –Dio media vuelta y se alejó caminando.

Yo me quedé allí parada, mirando el desierto australiano. Era vasto y desolado, aunque hermoso y, como las pilas Energizer, parecía durar y durar y durar. El jeep seguía allí, con la llave puesta en el contacto. Pero ¿por dónde habíamos venido? No había visto carretera alguna durante horas, tan sólo giros y más giros. No tenía zapatos, ni agua, ni comida. La temperatura del desierto en aquella época del año oscilaba entre los 38 y los 55 grados centígrados. Me alegraba que hubieran votado aceptarme pero ¿y mi voto? Tenía la impresión de que la decisión no dependía de mí.

No quería ir. Me pedían que pusiera mi vida en sus manos. Acababa de conocer a aquella gente con la que ni siquiera podía hablar. ¿Y si perdía mi trabajo? Ya era bastante precario; no tenía la menor seguridad de que algún día cobrara una pensión. ¡Era una locura! ¡Por supuesto que no podía irme!

Pensé: «Seguro que hay dos partes. Primero juegan aquí, en este cobertizo, y luego salen al desierto y juegan un poco más. No irán muy lejos; no tienen comida. Lo peor que podría ocurrirme es que quisieran que pasara la noche ahí fuera. Pero no, simplemente con mirarme ya se habrán dado cuenta de que no tengo madera de campista. ¡Soy una mujer de ciudad, de las que toma baños de espuma! Pero –proseguí– puedo hacerlo si es necesario. Me mostraré tajante puesto que ya he pagado una noche en el hotel. Les diré que debo regresar mañana antes de la hora en que he de dejar la habitación. No voy a pagar un día más sólo por complacer a esta gente estúpida y analfabeta».

Contemplé al grupo, que seguía caminando y que cada vez parecía más pequeño. No tuve tiempo de usar mi método Libra de sopesar pros y contras. Cuanto más tiempo permanecía allí pensando en qué hacer, más se alejaban ellos de mi vista. Las palabras exactas que pronuncié están grabadas en mi memoria con tanta claridad como si fueran una hermosa incrustación en lustrosa madera. «De acuerdo, Dios. ¡Sé que tienes un peculiar sentido del humor, pero esta vez de verdad que no te entiendo!»

Con unos sentimientos que oscilaban rápidamente entre el miedo, el asombro, la incredulidad y la parálisis total, eché a andar en pos de la tribu de aborígenes que se llaman a sí mismos los Auténticos.

No estaba atada ni amordazada, pero me sentía prisionera. Me parecía ser la víctima de una marcha forzada hacia lo desconocido.

3

Un calzado natural

Había recorrido una corta distancia cuando noté un dolor punzante en los pies. Miré hacia abajo y vi que me asomaban unas espinas. Me las arranqué, pero cada vez que daba un paso me clavaba más. Intenté avanzar saltando sobre un pie y extrayendo al mismo tiempo las lacerantes agujas del otro. A los miembros del grupo que se volvían para mirarme les debió parecer cómico. Sonrieron de oreja a oreja. Outa se detuvo para esperarme, y la expresión de su rostro parecía más comprensiva cuando dijo: «Olvídate del dolor. Sácate las espinas cuando acampemos. Aprende a resistir. Fija la atención en otra cosa. Después nos ocuparemos de tus pies. Ahora no puedes hacer nada».

La frase «Fija la atención en otra cosa» fue la que tuvo un mayor significado para mí. He trabajado como médico con cientos de personas que sufrían, sobre todo en los últimos quince años en que me he especializado en acupuntura. En situaciones terminales, a menudo el paciente debe decidir entre tomar una droga que lo deje inconsciente o someterse a la acupuntura. En mi programa educativo a domicilio he utilizado esas mismas palabras. Esperaba que mis pacientes fueran capaces de hacerlo y ahora alguien esperaba lo mismo de mí. Del dicho al hecho hay un gran trecho, pero lo conseguí.

Al cabo de un rato nos detuvimos para descansar un momento y descubrí que casi todas las puntas se habían partido. Los cortes sangraban y las espinas se me habían metido debajo de la piel. Caminábamos sobre *spinifex*. Es lo que los botánicos llaman hierba de playa, que se aferra a la arena y sobrevive donde hay poca agua gracias a sus hojas, afiladas como cuchillos. La palabra «hierba» es muy engañosa porque esa planta no se parece a ninguna hierba que yo conozca, no sólo porque sus hojas cortan sino porque además los pinchos que sobresalen de ella son como espinas de cactos. Al penetrar en mis pies me dejaron la piel irritada, hinchada y escocida. Por suerte soy una mujer aficionada al aire libre, que disfruta tomando el sol moderadamente y que a menudo camina descalza, pero las plantas de mis pies no estaban en absoluto preparadas para el trato que les aguardaba. El dolor no cesaba y me brotó sangre de todos los tonos, desde el rojo brillante hasta el marrón oscuro, a pesar de que yo trataba de no pensar en ello. Al mirarme los pies ya no distinguía el esmalte descascarillado de las uñas, del rojo de la sangre. Finalmente se me quedaron insensibles.

Caminábamos en completo silencio. Parecía muy extraño que nadie dijera nada. La arena estaba caliente, aunque no quemaba. El sol era cálido, pero no insoportable. De tanto en tanto, el mundo parecía apiadarse de mí y me proporcionaba una breve brisa de aire fresco. Cuando miraba más allá del grupo, no distinguía una línea claramente definida entre el cielo y la tierra. En todas direcciones se repetía la misma escena, como una acuarela en la que el cielo se mezclaba con la arena. Mi mente científica quería mitigar el vacío con unos límites. Una formación de nubes a miles de metros por encima de nuestras cabezas hacía que un solitario árbol en el horizonte pareciera una «i» con su punto. Tan sólo oía el crujido de los pies sobre la tierra, como si unas tiras de Velcro se unieran y se separaran repetidamente. De vez en cuando alguna criatura del desierto rompía la monotonía al moverse en un arbusto cercano. Un gran halcón pardo apareció de la nada y sobrevoló encima de mi cabeza en círculos. Sentí que en cierto modo vigilaba mi avance. No se acercó a ninguno de los otros, pero yo tenía un aspecto tan diferente al de los demás que pensé que tal vez necesitaba inspeccionarme más de cerca.

Sin previo aviso, la columna dejó de caminar hacia el frente y se desvió. Me cogieron por sorpresa; no se había dado ninguna instrucción de variar el rumbo. Todo el mundo pareció darse cuenta menos yo. Pensé que tal vez ellos se supieran el camino de memoria, pero era evidente que no seguíamos ningún camino en la arena con *spinifex*. Caminábamos sin rumbo por el desierto.

Mi cabeza era un torbellino de pensamientos. En el silencio me resultaba fácil observar mis pensamientos huyendo de un tema a otro. ¿Estaba ocurriendo todo aquello realmente? Quizá fuera un sueño. Habían hablado de cruzar Australia. ¡Eso no era posible! ¡Caminar durante meses! Tampoco eso era razonable. Habían oído mi grito de auxilio. ¿Qué significaba eso? Era algo a lo que estaba destinada... Menuda broma. No es que la ilusión de mi vida fuera precisamente sufrir explorando el *Outback*. También me preocupaba la inquietud que mi desaparición provocaría en mis hijos, sobre todo en mi hija. Estábamos muy unidas. Pensé en mi casera, que era una matrona anciana y respetable. Si no pagaba el alquiler a tiempo, ella me ayudaría a arreglar las cosas con los dueños. Apenas una semana antes había alquilado un televisor y un aparato de vídeo. ¡Bueno, volver a tomar posesión de todo aquello sería una experiencia única! En aquel momento no creía que estuviéramos fuera más de un día, como mucho. Después de todo, no había nada a la vista para comer o beber.

Me eché a reír. Era una broma mía, personal. ¿Cuántas veces había dicho que quería ganar un viaje exótico con todos los gastos pagados? Ahí lo tenía, con provisiones incluidas. Ni siquiera tenía que llevarme el cepillo de dientes. No era lo que yo había pensado, desde luego, pero sí lo que había expresado más de una vez.

A medida que avanzaba el día tenía tantas heridas en las plantas y los lados de los pies que los cortes, la sangre coagulada y las hinchazones rojizas les daban el aspecto de unas extremidades feas, insensibles y teñidas. Mis piernas estaban rígidas, los hombros quemados me escocían y tenía el rostro y los brazos en carne viva. Ese día caminamos durante unas tres horas. Los límites de mi resistencia se expandían una y otra vez. En ocasiones creía que si no me sentaba enseguida me desplomaría. Entonces ocurría algo que atraía mi atención. Aparecía el halcón lanzando sus extraños y horripilantes chillidos sobre mi cabeza o alguien se ponía a andar a mi lado y me ofrecía un trago de agua de un recipiente de aspecto desconocido que no era de alfarería y que llevaba atado con una cuerda alrededor del cuello o la cintura. Milagrosamente, la distracción siempre me proporcionaba alas, me daba renovadas fuerzas, un nuevo soplo de aire. Por fin llegó el momento de detenerse para pasar la noche.

Inmediatamente todos tuvieron algo en qué ocuparse. Encendieron un fuego sin usar cerillas, con un método que recordé haber visto en el *Manual del desierto para exploradoras*. Yo nunca había intentado hacer fuego dando vueltas a un palito en un agujero. Nuestros monitores no lo habían conseguido jamás. Apenas lograban producir el calor necesario para encender una llama diminuta, y al soplar sobre ella sólo conseguían apagarla. En cambio aquella gente era muy experta. Algunos recogieron leña, y otros plantas. Dos hombres habían compartido una carga durante toda la tarde. Llevaban un trapo descolorido atado a dos largas lanzas, a modo de bolsa. Su contenido abultaba mientras caminaban, como si se tratara de enormes bolas. Lo depositaron en el suelo y sacaron varias cosas.

Una mujer muy anciana se acercó a mí. Parecía tan vieja como mi abuela, que pasaba ya de los noventa. Sus cabellos tenían la blancura de la nieve. Unas suaves arrugas llenaban su rostro de pliegues. Su cuerpo era esbelto, fuerte y flexible, pero tenía los pies tan secos y duros que parecían pezuñas. Era la mujer que había visto antes con la cinta de complicados dibujos para el pelo y los adornos en los tobillos. La anciana se quitó una pequeña bolsa de piel de serpiente que llevaba atada a la cintura y vertió algo que parecía vaselina descolorida en la palma de su mano. Me enteré de que era un ungüento de aceite de hojas. Señaló mis pies y yo asentí a su oferta de ayuda. La mujer se sentó frente a mí, puso mis pies en su regazo, me frotó el ungüento en las llagas hinchadas y entonó una canción. Era una melodía tranquilizadora, casi como una nana. Le pregunté a Outa cuál era su significado.

«Le está pidiendo perdón a tus pies –me contestó–. Les dice que los aprecias mucho. Les dice que todo el mundo en el grupo aprecia tus pies, y les pide que se pongan buenos y fuertes. Hace sonidos especiales para curar heridas y cortes. También emite sonidos que extraen los fluidos de la hinchazón. Pide que tus pies se vuelvan fuertes y duros.»

No fueron imaginaciones mías. Realmente noté que la quemazón, el escozor y el dolor de las llagas empezaban a aplacarse, y sentí un alivio progresivo. Mientras permanecía sentada con los pies en aquel regazo maternal, mi mente desafió la realidad de aquella experiencia. ¿Cómo había ocurrido? ¿Dónde había comenzado?

4

Preparados, listos, ¡ya!

Empezó en Kansas City. El recuerdo de aquella mañana concreta se ha grabado de forma indeleble en mi memoria. El sol había decidido honrarnos con su presencia tras ocultarse durante varios días. Yo había ido temprano al consultorio con el propósito de prepararme para los pacientes con necesidades especiales. La recepcionista no solía llegar hasta dos horas más tarde, y a mí me gustaba aquel tranquilo intervalo de preparación.

Mientras abría la puerta del consultorio con la llave, oí que sonaba el teléfono. ¿Sería una emergencia? ¿Quién podía llamar tan temprano y fuera de horas de trabajo? Me apresuré a entrar en mi despacho para coger el auricular con una mano y darle al interruptor de la luz con la otra.

Me saludó la excitada voz de un hombre. Era un australiano al que había conocido en una conferencia médica en California. Me llamaba desde Australia.

—Buenos días. ¿Qué le parecería trabajar en Australia unos cuantos años?

Me quedé muda y el auricular estuvo a punto de caérseme de las manos.

—¿Sigue ahí? —me preguntó.

—S-s-sí —conseguí balbucear—. Dígame de qué se trata.

—Me impresionó tanto su extraordinario programa educativo de medicina preventiva que hablé de usted a mis colegas. Quieren que consiga un visado para cinco años y que se venga aquí. Me pidieron que la llamara. Podría confeccionar material educativo por escrito y enseñar dentro de nuestro sistema de seguridad social. Sería maravilloso que pudiéramos implantarlo, y además a usted le daría la oportunidad de vivir en nuestro país unos cuantos años.

La sugerencia de abandonar la casa junto al lago en que vivía, el consultorio acreditado y los pacientes que se habían convertido en amigos íntimos con el paso de los años fue como una estocada en mi tranquilidad, una intrusión como la que debe sentir el clavo al atravesar el tablón. Cierto que yo sentía una gran curiosidad por la medicina pública en la que se eliminan los beneficios económicos del sistema sanitario privado, en el que las disciplinas funcionan conjuntamente sin que exista un abismo entre la medicina y los médicos naturistas. ¿Hallaría colegas que se dedicaran realmente a la salud y a curar, a utilizar cualquier cosa que funcionase, o me encontraría envuelta sencillamente en una nueva forma de manipulación negativa, que es en lo que se ha convertido el tratamiento de las enfermedades en Estados Unidos?

Lo que más me excitó fue la mera mención de Australia. Desde niña, hasta donde me alcanzaba la memoria, siempre había sentido interés por leer todos los libros que caían en mis manos sobre las Antípodas. Desgraciadamente eran pocos. En el zoológico buscaba siempre al canguro, y la rara oportunidad de ver un koala. En algún nivel oculto y misterioso era una búsqueda que enseguida había anhelado llevar a cabo. Me consideraba una mujer segura de mi misma, educada, independiente y, que yo recordara, siempre había tenido el ansia en el alma, la atracción en el corazón, de visitar la tierra del otro lado del globo.

–Piénselo –me instó la voz australiana–. Volveré a llamarla por teléfono dentro de quince días.

Desde luego no había podido ser más oportuno. Apenas dos semanas antes, mi hija y su prometido habían establecido la fecha de la boda. Eso significaba que, por primera vez en mi vida, iba a ser libre para vivir en cualquier lugar de la Tierra que eligiera y para hacer cuanto deseara. Tanto mi hijo como mi hija me apoyarían plenamente, como de costumbre. Después de mi divorcio, más que hijos eran amigos íntimos. Pero ya eran adultos, tenían su propia vida, y yo experimentaba un deseo que se hacía realidad.

Seis semanas más tarde, tras celebrarse la boda y haber transferido mi clientela, mi hija y una querida amiga me acompañaron al aeropuerto. Fue una extraña sensación. Por primera vez en años no tenía coche, ni hogar, ni llaves; incluso las maletas que llevaba tenían cierres de combinación. Me había desembarazado de todas mis posesiones materiales excepto de unas cuantas cosas que había depositado en un guardamuebles. Las reliquias de la familia se hallaban a salvo, al cuidado de mi hermana Patci. Mi amiga Jana me entregó un libro y nos abrazamos. Mi hija Carri sacó una última foto y yo enfilé la rampa alfombrada en rojo hacia una experiencia en el continente australiano. No conocía la magnitud de las lecciones que me aguardaban. Mi madre solía decirme: «Elige con prudencia, porque lo que pides podría muy bien ser lo que recibas». A pesar de que ella había muerto varios años antes, hasta el día que emprendí el viaje no empecé a comprender realmente la frase que tan a menudo repetía.

El vuelo desde el Medio Oeste hasta Australia es extraordinariamente largo. Por fortuna para los viajeros, incluso los grandes reactores tienen que detenerse periódicamente para repostar, por lo que se nos permitió respirar aire fresco al hacer escala en Hawai y de nuevo en Fidji. El reactor Qantas era espacioso. Las películas pertenecían al cine norteamericano más taquillero del momento. Aun así, el viaje se hizo pesado.

En Australia, el reloj va diecisiete horas por delante con respecto a Estados Unidos. Esto supone volar literalmente hacia el mañana. Durante el viaje tuve que recordarme que al día siguiente el mundo seguiría intacto y en marcha. En la tierra que nos aguardaba ya era el día siguiente. No era de extrañar que los marinos de antaño se congratularan alborozados cuando cruzaban el ecuador y la línea imaginaria en que comienza el tiempo. Aún hoy, este concepto asombra la mente.

Cuando llegamos a suelo australiano se fumigó tanto el

avión como a los pasajeros para evitar posibles agentes contaminantes en aquel aislado continente. En la agencia de viajes no me habían preparado para eso. Cuando el avión aterrizó nos dijeron que permaneciéramos sentados. Dos empleados de tierra recorrieron el avión desde la cabina del piloto hasta la cola blandiendo los aerosoles por encima de nuestras cabezas. Yo comprendía los motivos de los australianos, pero la comparación entre mi cuerpo y un insecto destructivo tenía un efecto desmoralizador. ¡Menuda bienvenida!

Al salir del aeropuerto me sentí como en casa. De hecho hubiera dicho que aún me hallaba en Estados Unidos de no ser porque el tráfico transcurría en dirección opuesta a la nuestra. El taxista se sentaba tras el volante, a la derecha. Me sugirió que utilizara un cajero de cambio de moneda donde compré unos billetes de dólar demasiado grandes para mi monedero norteamericano, pero mucho más vistosos y decorativos que los nuestros, y descubrí unas maravillosas monedas de dos y veinte centavos.

En los años que siguieron me acostumbré a Australia sin ninguna clase de problemas. Todas las ciudades importantes están situadas en la costa. Todo el mundo está interesado en la playa y en los deportes acuáticos. El país tiene prácticamente los mismos kilómetros cuadrados que Estados Unidos y una forma similar, pero el interior es un yermo desolado. Yo conocía nuestro Painted Desert y el Valle de la Muerte. Sin embargo, a veces a los *aussies* les cuesta imaginar que en el corazón de Estados Unidos crezca el trigo y haya hileras interminables del alto maíz amarillo. El interior de Australia resulta tan inhóspito para la vida humana que el Real Servicio Aéreo de Medicina está siempre en funcionamiento. A los pilotos los envían incluso en misiones de rescate con gasolina o repuestos para automovilistas inmovilizados. A los pacientes los trasladan en aeroplano para recibir asistencia médica. No hay hospitales en cientos de kilómetros a la redonda. El sistema educativo tiene además un programa por radio para los niños que viven en las regiones más remotas.

Las ciudades me parecieron muy modernas, con hoteles Hilton, Holiday Inn y Ramada, galerías comerciales, casas de moda y un tráfico fluido. La comida era otra cosa. En mi opinión, aún están aprendiendo a hacer algunas imitaciones básicas de los platos típicos norteamericanos, pero encontré un delicioso pastel de carne y patatas como el que había comido en Inglaterra. Raras veces servían agua con las comidas, y nunca con cubitos.

Me encantó la gente y su forma tan peculiar de utilizar la lengua inglesa.

En las tiendas me resultaba extraño cuando me daban las gracias antes de decir por favor. «Será un dólar, gracias», señala el dependiente.

La cerveza es el gran tesoro nacional. Personalmente nunca me ha gustado demasiado la cerveza, así que no probé la variedad de la que están tan orgullosos. Cada uno de los estados australianos tiene su propia cervecería y sus ciudadanos son muy susceptibles en cuestiones de lealtad, por ejemplo, a la Foster's Lager o a la Four X.

Los australianos utilizan palabras específicas para las diferentes nacionalidades. A menudo se refieren a los americanos como *yanks*, a un ciudadano de Nueva Zelanda como *kiwi* y a los británicos como *bloody poms*. Una autoridad me explicó que «pom» se refería al plumaje rojo de los militares europeos, pero otra persona afirmó que procedía de las iniciales POM que exhibían en la ropa los convictos del siglo XIX enviados a Australia; POM significaba Prisionero de Su Majestad[1].

Lo que más me gusta de los australianos es su entonación cantarina al hablar. Por supuesto, me dijeron que era yo la que tenía un acento diferente. Me parecieron gente muy acogedora, pues hacen que los extranjeros se encuentren como en casa y que desde un principio se sientan aceptados.

---

1. Las siglas se corresponden con el original en inglés, *Prisoner of His Majesty*. *Bloody* se emplea aquí coloquialmente y significa «condenado», «maldito», «puñetero». *(N. de la T.)*

Los primeros días probé varios hoteles. Cada vez que me registraba en uno de ellos, me entregaban una jarrita metálica con leche. Observé que cada huésped recibía la suya. En la habitación encontraba una tetera eléctrica, bolsitas de té y azúcar. Al parecer los *aussies* adoran el té con leche y azúcar. No tardé mucho en descubrir que no era posible conseguir una taza de café al estilo americano.

La primera vez que probé con un motel, su anciano propietario me preguntó si quería encargar el desayuno y me mostró un menú escrito a mano. Solicité lo que quería y entonces él me preguntó a qué hora deseaba que me lo sirvieran en mi habitación. A la mañana siguiente, mientras tomaba un baño, oí pasos que se acercaban a mi puerta, pero nadie entró ni llamó. Lo que sí oí fue un extraño ruido parecido al de un portazo. Mientras me secaba, me llegó olor a comida. Busqué por todas partes; no encontré nada, pero yo olía a comida sin lugar a dudas. «Debe venir de la habitación contigua», me dije.

Tardé una hora más o menos en prepararme y en hacer la maleta. Cuando estaba cargándola en el coche alquilado, un joven se me acercó por la acera.

–Buenos días, ¿le ha gustado el desayuno? –preguntó.

–Sin duda se ha producido alguna confusión –dije yo, sonriendo–. No lo he recibido.

–Oh, sí, está aquí. Lo he traído yo mismo –replicó, dirigiéndose hacia un pomo que había en la pared exterior de la habitación del motel y levantando una tapa. Dentro del pequeño compartimento había una bandeja agradablemente preparada con huevos revueltos fríos y gomosos. Luego entró en la habitación y abrió la puerta de un armarito para mostrar de nuevo la deprimente visión. Ambos nos echamos a reír. Lo había olido, pero no lo había encontrado. Era la primera de las muchas sorpresas que Australia iba a depararme.

Los *aussies* fueron amables. Los encontré corteses cuando me ayudaron a buscar una casa de alquiler. Estaba situada en una zona residencial bien atendida. Todas las casas del barrio se habían construido más o menos en la misma época; todas tenían una sola planta y eran blancas, con porche delante y a los lados. Ninguna de ellas, en principio, tenía cerraduras en las puertas. Los servicios estaban divididos, el váter en un pequeño cuarto y la bañera y el lavabo en otra habitación. Los armarios no estaban empotrados, sino que eran antiguos armarios independientes. Ninguno de mis aparatos americanos funcionaba allí. La electricidad es de diferente voltaje y los enchufes tienen otra forma. Tuve que comprar un nuevo secador de pelo y las tenacillas de rizar.

El jardín posterior estaba lleno de flores y árboles exóticos que florecían todo el año gracias al clima cálido. Por la noche se acercaban los sapos para disfrutar del perfume del follaje y parecían aumentar en número a medida que pasaban los meses. Estos animales son una molestia nacional, su población está totalmente fuera de control, por lo que se han de matar y controlar en cada barrio. Al parecer mi jardín era un refugio seguro.

Los australianos me introdujeron en el juego de los bolos sobre hierba, un deporte al aire libre en el que todos los jugadores visten de blanco. Yo había encontrado tiendas en que no vendían más que camisas, pantalones, faldas, zapatos y calcetines blancos, e incluso sombreros blancos. Fue un alivio hallar la respuesta a tan extraordinario y limitado comercio. También me llevaron a un partido de fútbol americano según las reglas australianas. Fue realmente rudo. Los jugadores de fútbol que yo había visto hasta entonces llevaban gruesas protecciones acolchadas y cascos, e iban completamente tapados. Aquellos tipos vestían pantalón corto y camisetas de manga corta, y no llevaban ninguna protección. En la playa vi gente con sombreros de goma que se ataban bajo la barbilla. Según me explicaron, servían para indicar que el sujeto en cuestión era un salvavidas. También tienen patrullas especiales de salvavidas contra tiburones. No es corriente que a uno se lo coma un tiburón, pero el problema tiene suficiente importancia como para justificar un entrenamiento especial.

Australia es el continente más llano y seco del planeta. La proximidad de las montañas a las costas hace que la mayor parte del agua de lluvia caída se dirija hacia el mar y deje el 90 por ciento de la tierra semiárida. Se pueden recorrer en avión los tres mil doscientos kilómetros que separan Sidney de Perth sin ver una sola población.

Visité las principales ciudades del continente con motivo del proyecto sobre sanidad en el que trabajaba. En Estados Unidos disponía de un microscopio especial con el que podía utilizarse sangre entera, sin necesidad de alterarla o disgregar sus componentes. Observando una gota de sangre entera al microscopio es posible ver gráficamente y en movimiento muchos aspectos de la química de los pacientes. Conectábamos el microscopio a una cámara de vídeo y a un monitor. Sentados junto al médico, los pacientes podían ver así sus leucocitos, hematíes, bacterias o grasas. Yo tomaba muestras, enseñaba a los pacientes su sangre y después pedía a los fumadores, por ejemplo, que salieran a fumarse un cigarrillo. Tras unos instantes, sacábamos otra muestra para que vieran los efectos del cigarrillo. Se utilizaba este sistema para educar a los pacientes, pues éste es un modo directo de motivarles para que se hagan responsables de su propio bienestar. Los médicos pueden utilizarlo para numerosas situaciones, tales como mostrar a los pacientes el nivel de grasas en la sangre o una reacción inmunológica lenta, y luego pueden hablar con los pacientes sobre el modo de ayudarse a sí mismos. Sin embargo, en Estados Unidos las compañías aseguradoras no cubren el coste de las medidas preventivas, de modo que los pacientes deben pagárselo de su propio bolsillo. Nosotros confiábamos en que el sistema australiano fuera más receptivo. Mi tarea consistía en demostrar la técnica, importar e instalar el equipo, redactar instrucciones y realizar las prácticas de entrenamiento. Era un proyecto que realmente merecía la pena y yo estaba disfrutando de verdad en Australia.

Un sábado por la tarde visité el Museo de la Ciencia. El guía era una mujer alta, vestida con ropas caras, que mostró curiosidad por Estados Unidos. Estuvimos charlando y pronto nos hicimos buenas amigas. Un día propuso que almorzáramos juntas en un pintoresco salón de té en el centro de la ciudad que anunciaba adivinas. Recuerdo que estaba sentada en el local aguardando la llegada de mi amiga y pensando en que yo siempre era puntual, así pues, ¿por qué daba la impresión de tener un aura de magnetismo que atraía amigos impuntuales? Se acercaba la hora de cerrar. No iba a aparecer. Me incliné para recoger el bolso del suelo, donde lo había colocado tres cuartos de hora antes.

Un hombre joven, alto, delgado, de piel oscura y vestido de blanco desde las sandalias al turbante se acercó a mi mesa.

–Tengo tiempo de leerle la mano ahora –me dijo en voz baja.

–Oh, estaba esperando a una amiga, pero me da la impresión de que no vendrá. Volveré otro día.

–Algunas veces no hay mal que por bien no venga –comentó, acercando una silla y sentándose al otro lado de la pequeña mesa redonda para dos. Me cogió una mano. La volvió boca arriba y empezó. No me miraba la mano; sus ojos permanecían fijos en los míos–. La razón por la que ha venido a este lugar, no a este salón de té sino a este continente, es el destino. Hay alguien aquí con quien ha acordado una cita en beneficio mutuo. El acuerdo se realizó antes de que ninguno de los dos hubiera nacido. De hecho, decidieron nacer en el mismo instante, uno en la parte de arriba del mundo y el otro aquí, en las Antípodas. El pacto se realizó en el más alto nivel de su yo eterno. Acordaron no buscarse el uno al otro hasta que hubieran pasado cincuenta años. Ahora ha llegado el momento. Cuando se encuentren, se producirá el reconocimiento inmediato de sus almas. Esto es todo lo que puedo decirle.

El hombre se levantó y salió por la puerta que supuse que daría a la cocina del restaurante. Me había quedado muda. No tenía sentido nada de lo que me había dicho, pero hablaba con tal autoridad que en cierto modo me sentí impelida a tomármelo en serio.

El incidente se complicó cuando mi amiga me llamó esa noche para disculparse y explicarme por qué no había acudido a nuestra cita para comer. Se entusiasmó cuando le conté lo que me había ocurrido y prometió ir a ver al adivinador al día siguiente para que le diera información sobre su propio futuro.

Cuando me telefoneó de nuevo, su entusiasmo había dado paso a la duda. «El salón de té no tiene adivinos –me dijo–. Cada día hay una persona diferente, pero todas son mujeres. El martes fue Rosa, y no lee las manos, echa las cartas. ¿Estás segura de que fuiste al lugar que te dije?»

Yo sabía que no estaba loca. Siempre he considerado la adivinación como un mero entretenimiento, pero una cosa era segura: aquel joven no había sido una imaginación mía. Oh, bueno, de todas formas los *aussies* creen que los yanquis son unos excéntricos. Además, todo el mundo lo considera una diversión más, y Australia está llena de cosas divertidas para entretenerse.

5

Un poco de entusiasmo

Sólo había una cosa en el país que no me gustaba. Tenía la impresión de que los pobladores originarios del continente, los nativos de piel oscura llamados aborígenes, seguían estando discriminados. Se les trataba de modo muy parecido a como nosotros los norteamericanos tratamos a nuestros nativos. La tierra que les dieron para vivir en el *Outback* es arenosa y sin valor, y la zona norte está configurada por escarpados riscos, maleza y matorrales. La única zona razonable que aún se considera como suya ha sido declarada parque nacional, de modo que tienen que compartirla con los turistas.

No vi aborígenes ejerciendo ningún tipo de función social, ni caminando por la calle con colegiales de uniforme. No vi a ninguno en los servicios religiosos de los domingos, aunque asistí a los de diversas confesiones. No vi a ningún aborigen trabajando como dependiente en las tiendas de ultramarinos, ni manejando paquetes en Correos, ni vendiendo artículos en los grandes almacenes. Visité oficinas gubernamentales y no vi a ningún empleado aborigen. No hallé a ninguno trabajando en las gasolineras ni sirviendo a los clientes en los puntos de venta de comida rápida. Su número parecía escaso. Se veían en las ciudades, actuando en los puntos turísticos. Los veraneantes podían observarlos en los cercados de ovejas y ganado trabajando como ayudantes, a los que llaman *jackaroos*. Me dijeron que cuando un ranchero descubre ocasionalmente indicios de que un grupo nómada de aborígenes ha matado a una oveja, no lo denuncian. Los nativos sólo cogen lo que de verdad necesitan para comer y, todo hay que decirlo, se les atribuyen poderes sobrenaturales para vengarse.

Una noche observé a un grupo de jóvenes mestizos aborígenes de poco más de veinte años llenando unas latas de gasolina e inhalándolas luego mientras se dirigían caminando al centro de la ciudad. Se intoxicaron visiblemente con aquellos vapores. La gasolina es una mezcla de hidrocarburos y productos químicos. Yo sabía que potencialmente podía dañar la médula ósea, el hígado, los riñones, las glándulas suprarrenales, la espina dorsal y todo el sistema nervioso central. Pero, al igual que el resto de personas que había aquella noche en la plaza, no hice ni dije nada. No hice intento alguno por detener su estúpido juego. Después me enteré de que uno de aquellos jóvenes a los que había visto había muerto por intoxicación de plomo y fallo respiratorio. Sentí la pérdida con tanta intensidad como la que hubiera sentido al enterrar a un viejo amigo. Fui al depósito de cadáveres y vi los trágicos despojos. Como persona que dedicaba su vida a intentar prevenir las enfermedades, me pareció que la pérdida de cultura y de perspectivas personales habrían contribuido a aquel juego con la muerte. Lo que más me preocupaba era mi actitud, porque los había visto y no había levantado un dedo por detenerlos. Interrogué a Geoff, mi nuevo amigo *aussie*. Era un hombre de mi edad, propietario de un importante concesionario de automóviles, soltero y muy atractivo, el Robert Redford de Australia. Habíamos salido juntos varias veces, así que durante una cena a la luz de las velas, tras escuchar una sinfonía, le pregunté si la gente era consciente de lo que estaba ocurriendo. ¿No había nadie que intentara hacer algo al respecto?

Me dijo: «Sí, es triste, pero no se puede hacer nada. Tú no entiendes a los *abos*. Son primitivos, salvajes, gente del interior. Nos hemos ofrecido a educarlos. Los misioneros se han pasado años intentando convertirlos. En el pasado eran caníbales. Aún hoy siguen negándose a abandonar sus costumbres y viejas creencias. La mayoría prefiere la dureza del desierto. El *Outback* es una tierra dura, pero ellos son la gente más dura del mundo. Rara vez triunfan los que viven a caballo de las dos culturas. Es cierto que es una raza en extinción. Están disminuyendo por voluntad propia. Son totalmente analfabetos, sin ambiciones ni empuje para el éxito. Tras doscientos años siguen sin encajar en nuestra sociedad, y ni siquiera lo intentan. Carecen de formalidad en los negocios y no son de fiar; actúan como si el tiempo no existiera. Créeme, no se puede hacer nada para motivarlos.»

Pasaron unos cuantos días, pero yo no dejaba de pensar en el joven muerto. Hablé de mi inquietud con una mujer que trabajaba también en la sanidad y que, como yo, estaba desarrollando un proyecto especial. Su trabajo la llevaba a tratar con ancianos aborígenes. Buscaba información sobre plantas, hierbas y flores silvestres que sirvieran para prevenir o tratar enfermedades, y que fuera científicamente demostrable. La gente del interior era la mayor autoridad en la materia. Su longevidad y la baja incidencia de las enfermedades degenerativas hablaban por sí solas. Ella me confirmó que no se habían hecho progresos hacia una auténtica integración de las diferentes razas, pero estaba dispuesta a ayudarme si yo quería descubrir qué podía conseguir otra persona.

Invitamos a veintidós jóvenes mestizos a una reunión. Ella me presentó. Aquella noche hablé sobre el sistema de gobierno de libre mercado y sobre una organización llamada Junior Achievement para jóvenes urbanos marginados. El objetivo era hallar un proyecto que aquel grupo pudiera llevar a cabo. Les dije que les enseñaría a comprar materias primas, a organizar la mano de obra, a fabricar el producto, comercializarlo y establecerse en el mundo de los negocios y de la banca. Se mostraron interesados.

En la siguiente reunión charlamos de posibles proyectos. Cuando yo era joven, mis abuelos vivían en Iowa. Recordaba haber visto a mi abuelo subir el armazón de la ventana, tirar de una cortinilla ajustable que llegaba hasta el alféizar y luego volver a bajarlo. La cortinilla proporcionaba una sombra de unos treinta centímetros en el interior. La casa en la que yo vivía no tenía cortinillas, como era típico en la mayoría de las casas viejas de las zonas residenciales australianas. El aire acondicionado no era habitual en las casas particulares, así que la gente se limitaba a subir el armazón de las ventanas y dejar que toda clase de criaturas aladas entraran y salieran volando. No había mosquitos, y teníamos una lucha diaria con las cucarachas voladoras. Me acostaba sola, pero a menudo me despertaba y descubría que compartía la almohada con varios insectos de cinco centímetros de largo, negros y de caparazón duro. Me pareció que las cortinillas servirían para protegerse de esa invasión.

El grupo decidió que las cortinillas serían un buen artículo para empezar sus negocios. Yo conocía a una pareja en Estados Unidos a la que podríamos pedir ayuda. Él era ingeniero en una gran empresa, y ella artista. Sabía que ellos diseñarían el proyecto original si yo les explicaba por carta lo que necesitaba. Llegó dos semanas más tarde. Mi querida y anciana tía Nola me ofreció apoyo financiero en forma de préstamo desde Iowa para comprar los primeros suministros. Necesitábamos un local para trabajar. En Australia los garajes son escasos, pero el lugar está lleno de cobertizos abiertos para guardar coches, así que adquirimos uno y empezamos a trabajar al aire libre.

Cada uno de los jóvenes mestizos acabó dedicándose de forma espontánea y gradual a aquello para lo que estaba mejor dispuesto. Teníamos un contable, otro que se ocupaba de comprar los suministros y otro que se enorgullecía de llevar nuestro inventario al detalle. Disponíamos de especialistas para cada fase de la producción, e incluso varios representantes natos. Yo me mantuve al margen y observé cómo se iba formando la estructura de la compañía. Era evidente que, sin que yo les indicara cómo debía hacerse, ellos mismos habían convenido en que la persona a la que le gustaba ocuparse de la limpieza y el mantenimiento era tan importante para el éxito del proyecto como las que realizaban la venta final. Nuestra estrategia consistía en ofrecer las cortinillas a prueba, de forma gratuita, durante unos cuantos días. El cliente nos pagaba cuando volvíamos a visitarlo, si las cortinillas habían resultado satisfactorias. Habitualmente nos hacían un pedido para las restantes ventanas de la casa. También les enseñé la buena y tradicional costumbre norteamericana de pedir referencias.

Fueron pasando los días. Yo dedicaba mi tiempo a trabajar, escribir manuales, viajar, enseñar y dar conferencias. La mayor parte de las tardes las pasaba disfrutando de la compañía de los jóvenes mestizos. El grupo original permaneció intacto. Su cuenta corriente iba en aumento y establecimos fideicomisos para cada uno de ellos.

Durante un fin de semana con Geoff le expliqué nuestro proyecto y mi deseo de ayudar a aquellos jóvenes a ser económicamente independientes. Tal vez las compañías no quisieran contratarlos como empleados, pero no podrían impedirles que compraran una si conseguían el capital necesario. Supongo que presumí un poco de mi contribución al progresivo sentimiento de autoestima que iba naciendo en ellos. Geoff me dijo «Estupendo, *yank*», pero cuando volvimos a vernos me entregó unos libros de historia. Sentada en su jardín con vistas al puerto más hermoso del mundo, me pasé una tarde de sábado leyendo.

En los libros de historia se citaba al reverendo George King, que el 16 de diciembre de 1923 había escrito en el *Australian Sunday Times*: «Los aborígenes de Australia constituyen, sin lugar a dudas, un tipo primitivo en la escala de la humanidad. No poseen una historia tradicional fiable de ellos mismos, de sus obras ni de sus orígenes. Si fueran barridos de la faz de la Tierra en el momento presente, no dejarían tras ellos una sola obra de arte a modo de recuerdo de su existencia como pueblo. No obstante, parece ser que han vagado por las vastas llanuras de Australia desde tiempos muy remotos».

Había otra cita más moderna de John Burless con respecto a la actitud de la Australia blanca: «Yo te daré algo, pero tú no tienes nada que yo quiera».

Un fragmento de etnología y antropología del Decimo-cuarto Congreso de la Asociación para el Desarrollo Científi-co de Australia y Nueva Zelanda decía: «Su sentido del olfato está subdesarrollado. Su memoria sólo está levemente desa-rrollada. Los niños no tienen fuerza de voluntad. Son procli-ves a la traición y a la cobardía. No padecen el dolor con tan-ta agudeza como las razas superiores».

Había también libros de historia en los que se decía que un adolescente aborigen se convertía en hombre cuando le ra-jaban el pene desde el escroto hasta el meato con un cuchillo de piedra embotado, sin anestesia y sin una sola muestra de dolor. Para ser considerado como adulto, era necesario que un hombre santo le partiera un diente con una roca, que su prepucio se sirviera como comida a los parientes masculinos y que lo enviaran al desierto, solo, aterrorizado y sangrando, para demostrar que podía sobrevivir. Los libros de historia decían también que eran caníbales y que algunas veces las mu-jeres se comían a sus propios hijos recién nacidos, regodeán-dose en las partes más tiernas. En uno se contaba la historia de dos hermanos: el más joven había apuñalado al mayor en una disputa por una mujer. Tras amputarse él mismo la pier-na gangrenada, el hermano mayor cegaba al pequeño, y luego vivían los dos felices para siempre jamás. El mayor caminaba gracias a una prótesis de canguro y servía de lazarillo al otro, que le seguía cogido de un largo palo. La información era es-pantosa, pero lo más difícil de digerir era un panfleto infor-mativo del gobierno sobre la cirugía primitiva en la que se afirmaba que, afortunadamente, los aborígenes tenían un um-bral de dolor infrahumano.

Mis compañeros de proyecto no eran salvajes. En cual-quier caso eran comparables a los jóvenes marginados de mi propio país. Vivían en sectores aislados de la comunidad, y más de la mitad de las familias estaba en paro. A mí me dio la impresión de que se contentaban con un Levis de segunda mano, una lata de cerveza caliente y con que uno de ellos tu-viera éxito cada tantos años.

Al lunes siguiente, de vuelta a nuestro proyecto de fabricación de cortinillas, me di cuenta de que allí había un auténtico apoyo mutuo, ajeno a mi mundo competitivo. Realmente fue un cambio muy agradable.

Interrogué a los jóvenes sobre su herencia. Me dijeron que la significación tribal se había perdido hacía mucho tiempo. Unos pocos recordaban lo que sus abuelos les habían contado sobre la vida de los aborígenes, cuando ellos eran los únicos habitantes del continente. Por aquel entonces había tribus de hombres de agua salada y hombres emú, entre otros pueblos; pero a decir verdad, no deseaban que les recordaran su piel oscura y la diferencia que ésta representaba. Confiaban en casarse con alguien de piel algo más clara y que, con el tiempo, sus hijos acabaran mezclándose.

Nuestra pequeña compañía tuvo un éxito indudable, así que no me sorprendió recibir un día una llamada telefónica en la que se me invitaba a una reunión que iba a celebrar una tribu de aborígenes al otro lado del continente. La llamada me dio a entender que no era sólo una reunión sino una reunión en mi honor. «Por favor, disponga lo necesario para asistir», me pidió una voz nativa.

Me compré ropa nueva y un billete de avión de ida y vuelta, e hice las reservas de hotel. Le dije a la gente con la que trabajaba que iba a estar ausente unos días y les hablé de la peculiar llamada. Compartí mi excitación con Geoff, con mi casera y, por carta, con mi hija. Para mí era un honor que una gente que vivía tan lejos hubiera oído hablar de nuestro proyecto y quisiera demostrarme su reconocimiento.

«Le proporcionaremos el transporte desde el hotel hasta el lugar de reunión», me había dicho la voz. Pasarían a recogerme a mediodía. Evidentemente eso significaba que sería una comida con entrega de premio. Me pregunté qué tipo de menú servirían.

Outa se presentó a las doce en punto, pero persistía mi duda sobre lo que comen los aborígenes.

6

El banquete

La increíble mezcla oleaginosa curativa, que se hacía cociendo hojas y eliminando el residuo del aceite, hizo su efecto. Finalmente el alivio que noté en los pies me dio el valor necesario para pensar en volver a levantarme. Un poco más lejos, a mi derecha, había un grupo de mujeres que parecían haber montado una cadena de producción. Recogían grandes hojas; mientras una hurgaba en los matorrales y árboles muertos con un largo palo, otra sacaba un puñado de algo y lo ponía sobre una hoja. Luego se tapaba el contenido con una segunda hoja y se doblaba todo para entregar el paquete a otro que echaba a correr hacia la fogata y que lo enterraba entre las brasas. Sentí curiosidad. Aquélla iba a ser nuestra primera comida juntos, el menú sobre el que me había estado preguntando durante semanas. Me acerqué cojeando para verlo más de cerca y me quedé atónita. La mano que hurgaba sostenía un largo gusano blanco.

Volví a respirar hondo. Había perdido la cuenta del número de veces que me había quedado sin habla durante el día. Una cosa era segura: ¡jamás llegaría a estar tan hambrienta como para comerme un gusano! Pero en aquel mismo momento estaba aprendiendo una lección; nunca digas «jamás». Desde entonces he intentado borrar esa palabra de mi vocabulario. He aprendido que prefiero ciertas cosas y que otras las evito, pero la palabra «jamás» no deja espacio para las situaciones inesperadas, y «jamás» indica un lapso de tiempo demasiado largo.

Las noches eran un auténtico gozo entre la gente de la tribu; contaban historias, cantaban, bailaban, jugaban y tenían conversaciones íntimas. Fueron unos días de auténtica participación. Siempre había actividades que realizar mientras aguardábamos a que se preparara la comida. Se daban muchos masajes y friegas en hombros, espalda, e incluso en el cuero cabelludo. Yo los vi pasando las manos por el cuello y la columna. Más adelante, durante el viaje, intercambiamos técnicas; yo les enseñé el método norteamericano de estiramientos de columna y articulaciones, y ellos me enseñaron el suyo.

Aquel primer día no vi que sacaran vasos, ni platos ni bandejas para servir la comida. Había acertado en mis suposiciones: iba a mantenerse una atmósfera informal en la que se harían todas las comidas al estilo campestre. No tardaron mucho en sacar los recipientes de hojas dobladas de las brasas. Me tendieron la mía con la devoción de una enfermera particular. Observé que todo el mundo abría la suya y se comía el contenido con los dedos. Mi banquete, que sostenía con una mano, estaba caliente, pero no se movía, así que reuní el valor suficiente para mirar el interior. El gusano había desaparecido. Al menos ya no tenía el aspecto de un gusano sino el de una capa marrón desmenuzada, como de cacahuetes tostados o cortezas de cerdo. «Creo que con esto sí que podré», me dije. Lo probé... y estaba bueno. No sabía que cocinaban por mí y que no era una práctica común, al menos eso de alterar completamente el aspecto de los alimentos.

Aquella noche me explicaron que les habían llegado noticias de mi trabajo con los aborígenes urbanos. A pesar de que aquellos jóvenes no eran nativos al ciento por ciento y no pertenecían a su tribu, mi trabajo les había demostrado que realmente me importaban. Me habían llamado porque ellos creían que yo pedía ayuda. Comprobaron que mis intenciones eran sinceras. El problema era que, tal como ellos lo veían, yo no comprendía la cultura aborigen y menos aún el código de aquella tribu. Las ceremonias iniciales habían sido pruebas, por las que me consideraron aceptable y digna de adquirir el conocimiento de la auténtica relación de los humanos con el mundo en que vivimos, con el mundo del más allá, con la dimensión de la que procedemos y la dimensión a la que todos habremos de regresar. Iba a serme revelada la comprensión de mi propia existencia.

Mientras permanecía sentada, con los pies aliviados dentro de su preciosa y limitada provisión de hojas, Outa me explicó el tremendo esfuerzo que suponía para aquellos nómadas del desierto caminar conmigo. Me habían permitido compartir su vida. Nunca hasta entonces se habían asociado con personas blancas ni habían considerado siquiera tener ningún tipo de relación con una de ellas. De hecho, siempre lo habían evitado. Según afirmaban, el resto de tribus australianas se había sometido a las leyes del gobierno blanco. Ellos eran los únicos que resistían. Solían viajar en pequeñas familias de seis a diez miembros, pero se habían reunido para esta ocasión.

Outa dijo algo al grupo y cada uno de sus componentes me dijo algo a mí. Me informaban de sus nombres. Las palabras me resultaban difíciles, pero afortunadamente los nombres tenían significado. Ellos no usaban los nombres del mismo modo en que nosotros usaríamos «Debbie» o «Cody» en Estados Unidos, así que relacioné a cada persona con el significado de su nombre en lugar de intentar pronunciar la palabra en sí. Cada uno de los suyos recibe un nombre al nacer, pero se sobreentiende que lo perderá cuando crezca y que elegirá un apodo más apropiado por sí mismo. Es de esperar que el nombre de cada persona cambiará varias veces durante su vida a medida que su sabiduría, su creatividad y sus objetivos se definan asimismo con mayor claridad al transcurrir el tiempo. En nuestro grupo se hallaban Cuentista, Hacedor de Herramientas, Guardiana de los Secretos, Maestra en Costura y Gran Música, entre otros muchos.

Finalmente Outa me señaló y repitió la misma palabra a cada uno de ellos. Yo creí que intentaban aprender mi nombre de pila, pero luego pensé que lo que intentaban pronunciar era mi apellido. Erraba en ambos casos. La palabra que usaron aquella noche, y el nombre por el que siguieron nombrándome durante el resto del viaje, fue «Mutante». Yo no comprendí por qué Outa, que actuaba como intérprete entre nosotros, les enseñaba un término tan extraño. Mutante para mí denotaba un cambio significativo en una estructura básica que daba como resultado una forma de mutación en lugar de la original. Pero en realidad carecía de importancia pues, en ese punto, todo aquel día, mi vida entera estaba sumida en la confusión.

Outa me dijo que en algunas naciones aborígenes sólo usaban ocho nombres en total; era más bien un sistema de enumeración. Consideraban que todas las personas de la misma generación y el mismo sexo tenían igual parentesco, por lo que todos tenían varios padres, madres, hermanos, etc.

Estaba oscureciendo cuando me planteé el método más aceptable de hacer mis necesidades. Lamenté entonces no haber prestado más atención al gato de mi hija, Zuke, porque el único medio existente consistía en alejarse por el desierto, cavar un agujero en la arena, ponerse en cuclillas y cubrir lo depositado con arena. Me advirtieron que tuviera cuidado con las serpientes; se vuelven de lo más activas cuando amaina el calor del día, antes de que empiece el frío de la noche. Yo me imaginé ojos malvados y lenguas venenosas en la arena que se despertaban con mis movimientos. De viaje por Europa me había quejado sobre el horrible papel higiénico que encontraba. A Sudamérica me lo había llevado de casa. En Australia la ausencia de papel era la última de mis preocupaciones.

Cuando regresé junto al grupo después de mi aventura en el desierto, compartimos una bolsa comunitaria de té de roca aborigen. Se hacía echando rocas calientes en un recipiente de preciosa agua. El recipiente había servido previamente como vejiga de algún animal. Se añadían luego hierbas silvestres al agua caliente y se dejaba reposar hasta que alcanzaba su punto. Este extraordinario recipiente fue pasando de uno en uno en ambos sentidos. ¡Estaba buenísmo!

Según descubrí, el té de roca de la tribu se reservaba para

ocasiones especiales, como el término de mi primer día de principiante en la caminata. Ellos eran conscientes de las dificultades que iba a experimentar sin zapatos, sombra o medio de transporte. Las hierbas añadidas al agua para hacer el té no pretendían dar variedad al menú, ni eran tampoco un medio sutil de medicarse o alimentarse. Eran una celebración, un modo de reconocer el esfuerzo del grupo. Yo no me había rendido, no había pedido que me llevaran de vuelta a la ciudad ni tampoco había llorado. Sentían que me estaba impregnando de su espíritu aborigen.

Después cada cual se puso a aplanar su franja de arena y sacó un atado de pieles de animales enrolladas del fardo común que transportaban. Una anciana me había estado mirando toda la noche con rostro inexpresivo.

–¿En qué está pensando? –le pregunté a Outa.

–En que has perdido el olor a flores y en que probablemente provienes del espacio exterior. –Sonreí y ella me entregó mi atado de pieles. Su nombre era Maestra en Costura–. Es de dingo –me advirtió Outa. Yo sabía que el dingo era el perro salvaje de Australia, similar al coyote o al lobo–. Lo puedes usar para ponértelo debajo, en el suelo, para cubrirte o para apoyar la cabeza.

«Fantástico –me dije–. ¡Podré elegir el medio metro de mi cuerpo que quiero tener cómodo!»

Decidí interponerlo entre mi cuerpo y las criaturas reptantes que imaginaba cercanas. Hacía años que no había dormido en el suelo. Recordaba haber estado sobre una gran roca plana en el desierto del Mojave, en California, cuando era niña. Entonces vivíamos en Barstow. La principal atracción de los alrededores era un gran montículo al que llamaban colina «B». Muchos días de verano cogía una botella de naranjada Nehi y un sándwich de mantequilla de cacahuete y me iba de excursión a la cima y al otro lado de la colina. Siempre comía sobre la misma roca plana y luego me tumbaba de espaldas para contemplar las nubes y descubrir objetos en ellas. La infancia parecía muy lejana. Era curioso que el cielo siguiera siendo igual. Supongo que no les había prestado demasiada atención a los cuerpos celestes a lo largo de los años. Sobre mi cabeza había un dosel de cobalto salpicado de plata. Veía claramente la forma que se representaba en la bandera australiana, conocida como Cruz del Sur.

Mientras yacía allí, pensaba en mi aventura. ¿Cómo podría describir lo que había ocurrido aquel día? Se había abierto una puerta y yo había entrado en un mundo que no sabía que existiera. Desde luego no era una vida de lujo. Hasta entonces había vivido en diferentes lugares y había viajado a muchos países en todo tipo de medios de transporte, pero nunca había experimentado nada parecido. Supuse que estaría bien después de todo.

Al día siguiente les explicaría a los del grupo que en realidad tenía más que suficiente con un día para apreciar su cultura. Mis pies resistirían el viaje de vuelta al jeep. Tal vez pudiera llevarme un poco del magnífico bálsamo para los pies, porque realmente había funcionado. Me bastaba una muestra de su estilo de vida, aunque el día no había sido tan malo, salvo para mis torturados pies.

En el fondo les estaba agradecida por haber aprendido nuevas cosas sobre el modo de vida de otras gentes. Empezaba a comprender que por el corazón humano pasaba algo más que sangre. Cerré los ojos y articulé un silencioso «gracias» al más alto Poder.

Alguien del otro extremo del campamento dijo algo. Lo repitió otro, y luego otro más. Se lo estaban pasando, diciendo todos la misma frase, entrecruzando las voces de las figuras recostadas. Finalmente la frase llegó a Outa, cuya estera era la más cercana a la mía. Se volvió y me dijo: «De nada; éste es un buen día».

Algo sobresaltada por su respuesta a mis pensamientos no expresados, contesté con un «gracias» y un «de nada», esta vez en voz alta.

7

¿Qué es la seguridad social?

A la mañana siguiente, antes de que el sol pudiera bañarme con sus rayos, me despertó el ruido de la gente recogiendo las escasas pertenencias diseminadas que habíamos usado la noche anterior. Me dijeron que los días se hacían cada vez más calurosos, así que caminaríamos durante las horas más frescas de la mañana, descansaríamos y reanudaríamos nuestro viaje hasta entrada la noche. Doblé la piel de dingo y se la entregué a un hombre que estaba guardando las cosas. Las pieles quedaron a mano, porque cuando el calor apretara más buscaríamos refugio, construiríamos un *wiltja*, o paravientos de broza, o utilizaríamos nuestras pieles de dormir para hacernos sombra.

A casi ningún animal le gusta el resplandor del sol. Sólo los lagartos, arañas y moscas permanecen alerta y activos a cuarenta grados. Incluso las serpientes se han de enterrar en caso de calor extremo, de lo contrario mueren deshidratadas. A veces no es difícil distinguir a las serpientes porque nos oyen llegar y sacan la cabeza del suelo arenoso para descubrir la fuente de la vibración. Por suerte en aquella época yo no sabía que hay doscientos tipos diferentes de serpientes en Australia, de los que más de setenta son venenosos.

Lo que sí aprendí aquel día fue la extraordinaria relación que tienen los aborígenes con la naturaleza. Antes de iniciar la marcha formamos un cerrado semicírculo, encarados todos hacia el este. El Anciano de la Tribu se colocó en el centro y entonó un cántico. El ritmo lo establecieron y mantuvieron los miembros del grupo, batiendo palmas, dando patadas en el suelo o golpeándose los muslos. Duró unos quince minutos. Era una rutina que se repetía cada mañana y que, según descubrí, constituía una parte muy importante de nuestra vida en común. Era la plegaria matutina, o el modo de centrarse o de fijar un objetivo cada mañana, como queramos llamarlo. Esta gente cree que todo en el planeta existe por una razón. Todo tiene un propósito. No hay monstruos, inadaptados ni accidentes. Sólo hay malentendidos y misterios que aún no se han revelado al hombre mortal.

El propósito del reino vegetal es alimentar a los animales y los humanos, mantener la tierra firme, realzar la belleza y equilibrar la atmósfera. Me dijeron que las plantas y los árboles cantan a los humanos en silencio y todo lo que piden a cambio es que nosotros les cantemos a ellos. Mi mente científica interpretó al instante que se referían al intercambio entre oxígeno y dióxido de carbono de la naturaleza. El principal propósito del animal no es alimentar a los humanos, pero lo acepta cuando es necesario. En realidad está para equilibrar la atmósfera y ser compañero y maestro con el ejemplo. Así pues, cada mañana la tribu envía un pensamiento o mensaje a los animales y plantas que nos aguardan. Dicen: «Caminamos hacia vosotros para honrar el propósito de vuestra existencia». Corresponde a animales y plantas decidir quiénes de entre ellos serán los elegidos.

La tribu de los Auténticos no se queda nunca sin comida. El universo responde siempre a su correspondencia mental. Ellos creen que el mundo es un lugar de abundancia. De igual modo que usted o yo podríamos reunirnos para oír a alguien tocar el piano y honrar su talento y su propósito, ellos hacen lo mismo con toda la naturaleza, y con total sinceridad. Cuando aparecía una serpiente en nuestro camino, obviamente se encontraba allí para servirnos de comida. El alimento diario era una parte muy importante de nuestra celebración vespertina. Aprendí que el alimento no se daba por supuesto. Primero se solicitaba, se esperaba siempre que apareciera y así era, en efecto, pero se recibía con agradecimiento, mostrándose siempre una auténtica gratitud. La tribu empieza cada día dando gracias a la Unidad por el día, por sí mismos, por sus amigos y por el mundo. Algunas veces piden cosas concretas, pero siempre se expresa así: «Es por mi supremo bien y el supremo bien de la vida en todas partes».

Después de la reunión matinal en semicírculo intenté decirle a Outa que había llegado el momento de que me acompañara de vuelta al jeep, pero no conseguí encontrarlo. Finalmente admití que podía soportar un día más.

La tribu no llevaba provisiones. No plantaba semillas y no participaba en ninguna cosecha. Caminaba por el ardiente *Outback* australiano, sabiendo que recibiría diariamente las generosas bendiciones del universo. El universo no la decepcionaba nunca.

El primer día no desayunamos nada, lo que resultó ser la pauta habitual. Algunas veces comíamos de noche, pero por lo general lo hacíamos siempre que encontrábamos alimento, sin tener en cuenta la posición del Sol. Muchas veces echábamos un bocado aquí y otro allá, en lugar de hacer una comida tal como nosotros la entendemos.

Llevábamos nosotros varios pellejos de agua hechos con vejigas de animales. Sé que los seres humanos son agua en un 70 por ciento y que necesitan un mínimo de tres litros y medio al día en condiciones ideales. Observando a los aborígenes me di cuenta de que ellos necesitaban mucha menos y bebían menos que yo. De hecho, apenas bebían de los pellejos de agua. Sus cuerpos parecían aprovechar al máximo la humedad de la comida. Ellos opinan que los Mutantes tienen muchos vicios, y que el agua es uno de ellos.

Utilizábamos el agua para mojar lo que parecían hierbas secas y muertas en las comidas. Se introducían los tallos marrones como palos sin vida, deshidratados, y salían muchas veces con el milagroso aspecto de tallos de apio frescos.

Sabían encontrar agua donde no había el más mínimo indicio de humedad. En ocasiones se tumbaban en la arena y oían el agua bajo la superficie o colocaban las manos con las palmas hacia abajo y exploraban la tierra en busca de agua. Clavaban largas cañas huecas en la tierra, sorbían por el extremo y creaban una pequeña fuente. El agua salía arenosa y de color oscuro, pero tenía un sabor puro y refrescante. Conocían la existencia de agua a lo lejos por los vapores que se formaban con el calor, e incluso podían olerla y sentirla en la brisa.

Cuando sacamos agua de una grieta rocosa me enseñaron el modo de acercarme sin contaminar la zona con mi olor humano, para que los animales no se asustaran. Después de todo, el agua también era suya. Los animales tenían tanto derecho a ella como las personas. La tribu no se la llevaba nunca toda, aunque su provisión de agua fuera escasa en ese momento. En todos los lugares en que había agua, la gente bebía siempre por el mismo sitio. Todas las especies observaban este mismo comportamiento. Sólo los pájaros hacían caso omiso de esta regla de acceso y bebían, salpicaban y excretaban a sus anchas.

A los miembros de la tribu les bastaba con examinar el terreno para saber qué criaturas andaban cerca. De niños se habituaban a la observación minuciosa y a reconocer así, de un vistazo, el tipo de huellas que dejan en la arena las criaturas que caminan, brincan o reptan. Están tan acostumbrados a verse las huellas de los pies que no sólo pueden identificarse unos a otros sino que incluso pueden saber, por la longitud de los pasos, si una persona se encuentra bien o si está enferma y camina lentamente. La más leve desviación en la huella del pie sirve para indicarles el destino más probable del caminante. Su percepción traspasa con mucho las limitaciones de las personas que se educan en otras culturas. Su sentido del oído, de la vista y del olfato parece sobrehumano. Las huellas de pisadas tienen vibraciones que indican mucho más de lo que puede verse mirando simplemente la arena.

Más tarde aprendí que se han registrado casos de perseguidores aborígenes que, por las huellas de los neumáticos, han sabido la velocidad, tipo de vehículo, fecha y hora, e incluso el número de pasajeros.

Durante los días siguientes comimos bulbos, tubérculos y otros vegetales parecidos a las patatas y los ñames, que crecían bajo tierra. Podían localizar una planta lista para ser recolectada sin sacarla de la tierra. Movían las manos por encima de la planta y comentaban: «Ésta está creciendo, pero aún no está lista» o «Sí, ésta está preparada para nacer». A mí todos los tallos me parecían iguales, así que después de desbaratar unos cuantos y ver cómo volvían a replantarlos, decidí que era mejor esperar hasta que me dijeran lo que tenía que extraer. Ellos lo explicaban como una habilidad natural para encontrar agua que tienen todos los humanos. Debido a que mi sociedad no fomentaba que los individuos se dejaran guiar por su intuición, e incluso lo miraban con desagrado, considerándolo sobrenatural y posiblemente nocivo, tuvieron que enseñarme para que aprendiera lo que se da de forma natural. Básicamente me enseñaron a preguntarle a las plantas si estaban listas para que las honraran por el propósito de su existencia. Pedía permiso al universo y luego exploraba con la palma de la mano. Algunas veces notaba calor y otras mis dedos parecían sentir un incontrolable tirón cuando se posaban sobre los vegetales maduros. Cuando aprendí a hacer esto noté que había dado un paso gigantesco para ser aceptada por los miembros de la tribu. Parecía indicar que yo era un poco menos mutante y que quizá, gradualmente, me estaba volviendo más auténtica.

Era importante que no usáramos nunca una planta en su totalidad; siempre se dejaba la raíz para que crecieran nuevos brotes. Los de la tribu tenían un extraordinario sentido de lo que ellos llamaban la canción o los sonidos no expresados de la tierra. Ellos perciben la información que les envía su entorno, realizan una tarea única de decodificación y luego actúan conscientemente, casi como si hubieran desarrollado un diminuto receptor celestial a través del cual llegaran los mensajes del universo.

Uno de los primeros días cruzamos el lecho seco de un lago. En la superficie había amplias grietas irregulares, cada una de las cuales parecía tener los bordes retorcidos. Algunas mujeres recogieron la arcilla blanca, que luego se convertía en fino polvo para usarlo como pintura.

Las mujeres llevaban largos palos y los clavaban en la dura superficie de arcilla. A unas decenas de centímetros bajo la superficie encontraban humedad y extraían pequeñas bolas de barro. Ante mi sorpresa, una vez frotadas las bolas para quitarles la suciedad, resultaron ser ranas. Aparentemente resisten la deshidratación enterrándose bajo la superficie. Asadas seguían teniendo bastante humedad y sabían a pechuga de pollo. En los meses siguientes, una serie de alimentos apareció ante nosotros para ser honrados como nuestra celebración diaria de la vida universal; comimos canguro, caballo salvaje, lagarto, serpiente, insectos, gusanos de todos los tamaños y colores, hormigas, termitas, osos hormigueros, pájaros, peces, semillas, frutos secos, fruta, plantas, –tan variadas que su enumeración resultaría inacabable–, e incluso cocodrilo.

Una de las mujeres se acercó a mí la primera mañana. Se quitó la sucia cinta de la cabeza y, recogiéndome los largos cabellos, la utilizó para sujetar un nuevo estilo de peinado en alto. Su nombre era Mujer Espíritu. Yo no comprendía con qué estaba relacionada espiritualmente, pero cuando nos hicimos buenas amigas decidí que era conmigo.

Perdí la noción de los días, de las semanas, del tiempo. No volví a pedir que me llevaran de vuelta al jeep. Parecía inútil, y además estaba sucediendo algo. Obraban de acuerdo con un plan. Pero era evidente que en aquel momento no se me permitía saber de qué se trataba. Continuamente ponían a prueba mi fuerza, mis reacciones, mis creencias, pero yo no sabía la razón, y me preguntaba si personas que no sabían leer ni escribir tendrían otro método para evaluar los progresos de sus alumnos.

¡Algunos días la arena se ponía tan caliente que yo oía literalmente mis pies! Chisporroteaban como hamburguesas friéndose en la sartén. Cuando se me secaron las ampollas y se endurecieron, empezó a formarse una especie de pezuña.

64

A medida que iba pasando el tiempo, mis energías físicas alcanzaban cotas insospechadas. Sin nada que comer para desayunar o para almorzar, aprendí a alimentarme con la vista. Observé carreras de lagartos e insectos acicalándose y descubrí imágenes ocultas en las piedras y en el cielo.

Los de la tribu me señalaban los lugares sagrados del desierto. Al parecer todo era sagrado: rocas apiñadas, colinas, barrancos, incluso lechos secos y llanos. Parecían existir líneas invisibles que delimitaban el territorio ancestral de antiguas tribus. Me mostraron cómo miden ellos la distancia con canciones en las que se dan detalles y ritmos muy específicos. Algunas de ellas alcanzaban las cien estrofas. Cada una de sus palabras y pausas debían ser exactas. No se podía improvisar ni tener un lapsus de memoria porque se trataba, literalmente, de una vara de medir. En realidad nos llevaban cantando de un lugar a otro. La única comparación que se me ocurre para estos versos cantados es un método de medición que desarrolló un amigo mío ciego. Ellos habían rechazado el lenguaje escrito porque consideran que se pierde capacidad memorística. Si se ejercita la memoria, se retiene un nivel óptimo.

El cielo mantenía su color azul pastel día tras día, sin nubes, con la única variación de una serie de matices. La brillante luz del mediodía se reflejaba en la arena reluciente, obligándome a entrecerrar los ojos, pero también a esforzarlos, de modo que se convirtieron en nuevas válvulas de entrada para un río de visión.

Empecé a apreciar mi capacidad de recuperación tras una noche de sueño, en lugar de darla por supuesta, y el hecho de que en realidad bastaran unos pocos sorbos de agua para apagar la sed, así como toda la gama de sabores desde el dulce al amargo. Durante toda mi vida me habían estado hablando de seguridad en el trabajo, de la necesidad de construirse un parapeto para protegerse de la inflación comprando bienes raíces y ahorrando para la jubilación. En el desierto la única seguridad era el ciclo infalible de amanecer y ocaso. Me asombraba que la raza más insegura del mundo según mi criterio no padeciera de úlcera, hipertensión ni enfermedades cardiovasculares.

Empecé a descubrir la belleza y la armonía de toda la vida en las más extrañas visiones. En un nido de serpientes, unas doscientas quizá, cada una con un diámetro del tamaño de mi pulgar, zigzagueaban entrando y saliendo como si dibujaran la superficie de un jarrón ornamental de un museo. Siempre he detestado las serpientes, pero entonces las veía como necesarias para el equilibrio natural, necesarias para la supervivencia de nuestro grupo de viajeros, y criaturas tan difíciles de aceptar cariñosamente que se han convertido en objetos del arte y la religión. Nunca hubiera concebido la idea de sentir impaciencia por comer carne ahumada de serpiente y mucho menos cruda, pero llegó un momento en que ocurrió. Aprendí que el agua aportada por cualquier alimento puede tener un valor precioso.

A lo largo de los meses experimentamos los rigores opuestos del clima. La primera noche utilicé la piel que me habían asignado como estera, pero cuando llegaron las noches frías, la convertí en manta. Casi todos dormían sobre el suelo desnudo, acurrucados unos en brazos de otros. Confiaban en el calor de otro cuerpo humano más que en la fogata cercana. En las noches más frías encendían varios fuegos. En el pasado habían viajado con dingos domesticados que les servían de ayuda en la caza y como compañía, y les daban calor en las noches frías, de ahí la expresión coloquial «noche de perros».

Algunas noches nos tumbábamos en el suelo formando un único círculo para conseguir un mejor uso de nuestras pieles, pues el apiñamiento parecía mantener y transmitir el calor del cuerpo con mayor eficacia. Cavábamos hoyos en la arena para echar dentro ascuas ardientes y luego arena por encima. Colocábamos en el suelo la mitad de las pieles y nos tapábamos con la otra mitad. Los huecos se compartían de dos en dos. Todos los pies se juntaban en el centro.

Recuerdo haber escudriñado el vasto cielo, con las manos apoyadas en el mentón. Notaba la esencia de la maravillosa gente que me rodeaba, pura, inocente y afectuosa. Aquel círculo de seres vivientes en forma de margarita, con fuegos diminutos entre cada dos cuerpos, constituiría sin duda una asombrosa visión para quien nos observara desde el espacio.

Parecía que se tocaban tan sólo con los dedos de los pies, pero día a día aprendí que su conciencia había estado en contacto con la conciencia universal de la humanidad desde siempre.

Empezaba a comprender por qué sentían sinceramente que yo era una Mutante, y yo era igualmente sincera en mi gratitud por la oportunidad de despertar que me concedían.

8

Telefonía sin hilos

Aquel día empezó relativamente igual que los precedentes, de modo que no tenía la menor idea de lo que me aguardaba. Desayunamos, eso sí, cosa infrecuente. El día anterior habíamos topado en nuestro camino con una piedra de moler. Era una roca grande, oval, demasiado pesada sin duda para llevarla a cuestas; se dejaba al aire libre para que pudiera usarla cualquier viajero que tuviera la fortuna de disponer de semillas o grano. Las mujeres transformaban tallos de plantas en una fina harina que, mezclada con hierba salada y agua, servía para hacer tortas. Parecían pequeñas *hojuelas*.

Durante la plegaria matutina, vueltos hacia el este, dimos gracias por los bienes recibidos. Enviamos nuestro mensaje diario al reino de los alimentos.

Uno de los hombres más jóvenes se situó en el centro. Me explicaron que se había ofrecido para realizar una tarea especial ese día. Abandonó el campamento temprano y echó a correr por delante de nosotros. Llevábamos varias horas caminando cuando el Anciano se detuvo y cayó de rodillas. Todos se congregaron en torno suyo, mientras él permanecía arrodillado, con los brazos extendidos, meciéndose levemente. Pregunté a Outa qué ocurría. Él me indicó por señas que guardara silencio. Nadie hablaba, pero todos los rostros permanecían atentos. Finalmente Outa se volvió hacia mí y me dijo que el joven explorador que nos había abandonado a primera hora estaba enviando un mensaje. Pedía permiso para cortarle la cola a un canguro que había matado.

Por fin comprendí por qué caminábamos siempre en silencio. Aquella gente se comunicaba la mayor parte del tiempo mediante telepatía, y yo era testigo presencial. No se oía ni un solo sonido, pero se estaban transmitiendo mensajes entre personas separadas por unos treinta kilómetros.

–¿Por qué quiere quitarle la cola? –inquirí.

–Porque es la parte más pesada del canguro, y él está demasiado enfermo para transportar el animal cómodamente. El canguro es más alto que él y nos está diciendo que el agua que se detuvo a beber estaba sucia y ha hecho que su cuerpo se calentara demasiado. Le salen gotas de líquido en el rostro.

Se envió una silenciosa respuesta telepática. Outa me advirtió que íbamos a acampar allí el resto del día. La gente empezó a cavar un hoyo en previsión de la enorme cantidad de alimento que nos iba a llegar. Otros empezaron a preparar hierbas medicinales siguiendo las instrucciones de Hombre Medicina y Mujer que Cura.

Varias horas después llegó el joven a nuestro campamento con la carga de un enorme canguro destripado y sin cola. El animal llevaba el vientre vaciado y cerrado con palos puntiagudos. Las entrañas habían servido de cuerda para atar juntas las cuatro patas. El joven había transportado los cincuenta kilos de carne sobre la cabeza y los hombros y transpiraba copiosamente. No cabía duda de que estaba enfermo. Yo me quedé mirando mientras los de la tribu se disponían a curarlo y a cocinar nuestra comida.

Primero colocaron el canguro sobre las llamas de una hoguera; el olor a piel quemada flotó por el aire como la niebla de Los Ángeles. Le cortaron la cabeza y le rompieron las patas para poder sacar los tendones. Metieron el tronco en el hoyo, que contenía ascuas ardientes por todos lados. En una esquina del profundo hoyo pusieron un cuenco pequeño lleno de agua, del que sobresalía una larga caña vertical. Por encima apilaron más broza. De vez en cuando, y durante unas cuantas horas, la cocinera principal se inclinaba sobre el humo, soplaba por la larga caña y hacía que el agua se desbordara, produciendo vapor.

A la hora de comer sólo se habían asado unos cuantos centímetros de carne; el resto rezumaba sangre. Les dije que yo tenía que poner mi porción en un palo al estilo de los perritos calientes y cocinarlo. ¡Sin problemas! Rápidamente prepararon una horquilla al efecto.

Mientras tanto, el joven cazador recibía atención médica. Primero le dieron un bebedizo de hierbas. Los que se ocupaban de él le cubrieron después los pies con la arena fría del hoyo recién cavado. Me dijeron que si conseguían atraer el calor desde la cabeza hacia los pies, su temperatura corporal se equilibraría. A mí me sonó muy extraño, pero la fiebre disminuyó realmente. Las hierbas resultaron también eficaces en prevenir el dolor de estómago y las diarreas que yo esperaba que aparecieran como resultado de tan dura prueba.

Fue realmente extraordinario. De no haberlo visto con mis propios ojos no lo hubiera creído, sobre todo la comunicación telepática. Le expliqué a Outa cómo me sentía.

Éste sonrió y me dijo:

–Ahora ya sabes cómo se siente un nativo la primera vez que va a la ciudad, ve meter una moneda en un teléfono, marcar un número y hablar con un pariente. Al nativo eso le parece increíble.

–Sí –repliqué–. Ambos métodos son buenos, pero el vuestro sin duda funciona mejor aquí, donde no tenemos ni viviendas ni cabinas telefónicas.

Imaginé que a mis compatriotas les iba a costar creerse lo de la telepatía mental. Aceptarían fácilmente que en el mundo hubiera seres humanos que se comportaran con crueldad entre ellos, pero serían reacios a creer que en la Tierra hubiera personas que no fueran racistas, que vivieran juntas con una total compenetración y armonía, que descubrieran sus talentos únicos y propios y los honraran, como honran a todos los demás. Según Outa, la razón primordial por la que los Auténticos saben usar la telepatía es porque no mienten nunca. No utilizan siquiera una pequeña invención, ni una verdad a medias, ni una grosera afirmación falsa. No mienten en absoluto, de modo que no tienen nada que ocultar. Son gentes que no temen abrir sus mentes para recibir, y que están dispuestas a darse información mutuamente. Outa me explicó cómo funcionaba. Si un niño de dos años, por ejemplo, viera a otro niño jugando con alguna cosa (una roca tal vez, tirada por una cuerda), y ese niño intentara quitarle el juguete al otro, inmediatamente notaría que las miradas de todos los adultos se volvían hacia él. Aprendería entonces que se conocía su propósito de coger algo sin permiso y que no se aceptaba. El segundo niño aprendería también a compartir, aprendería a no aferrarse a los objetos. Este niño ya habría disfrutado y almacenado el recuerdo de la diversión, de modo que sería la emoción de la felicidad lo que desearía y no el objeto.

Los humanos estaban destinados a comunicarse mediante la telepatía. Las diferentes lenguas y los diversos alfabetos escritos son obstáculos que se eliminan cuando las personas utilizan la comunicación mental. Pero yo razonaba que eso jamás funcionaría en mi mundo, donde la gente roba a su empresa, defrauda a Hacienda y comete infidelidades. Mi gente jamás toleraría una «mente abierta» en su sentido literal. Hay demasiados engaños, demasiado dolor, demasiada amargura que ocultar.

En cuanto a mí, ¿podía yo perdonar a todos los que consideraba que habían sido injustos conmigo? ¿Podía perdonarme a mí misma por los daños infligidos? Esperaba que algún día sería capaz de exponer mi mente, como los aborígenes, y quedarme mirando mientras otros examinaban mis motivos.

Los Auténticos no creen que la voz estuviera destinada al habla. Para hablar se utiliza el núcleo corazón-cabeza. Cuando se usa la voz para hablar, uno tiende a enredarse en pequeñas conversaciones innecesarias y menos espirituales. La voz está hecha para cantar, para loar y para sanar.

Me dijeron que todo el mundo tiene múltiples talentos y que todos podemos cantar. La cantante que hay en mi interior no desaparecerá, aunque yo no honre ese don porque crea que no sé cantar.

Más tarde, durante el camino, cuando trabajaban conmigo para desarrollar mi comunicación mental, aprendí que mientras tuviera algo en el corazón o en la cabeza que siguiera creyendo necesario ocultar, no funcionaría. Tenía que pactar absolutamente con todo.

Tenía que aprender a perdonarme a mí misma y aprender del pasado, en lugar de juzgarme. Ellos me demostraron que lo fundamental era aceptarme, ser sincera y quererme a mí misma para obrar de igual manera con los demás.

9

Un sombrero para el *outback*

Las moscas en el *Outback* son horrendas. Los enjambres aparecen con los primeros rayos de sol. Infestan el cielo, volando en bandadas ingentes. Tenían el aspecto de un tornado de Kansas, y sonaban igual.

Era inevitable que comiera y respirara moscas. Se me metían en las orejas y por la nariz, me arañaban los ojos e incluso conseguían penetrar entre los dientes hasta la garganta. Tenían un repugnante sabor dulzón cuando me daban arcadas y me atragantaba. Se me pegaban al cuerpo, así que, al mirarme, parecía que llevaba una especie de armadura negra movible. No mordían, pero yo estaba demasiado ocupada sufriendo para darme cuenta. Eran tan grandes y veloces, y había tantas, que era prácticamente insoportable. Lo que me hacía sufrir más era cuando se me metían en los ojos.

La gente de la tribu tiene un sexto sentido para detectar dónde y cuándo aparecerán las moscas. Cuando ven u oyen a los insectos que se acercan, se detienen al instante, cierran los ojos y permanecen inmóviles con los brazos inertes a los costados.

De ellos fui aprendiendo a ver el lado positivo de casi todos los seres con los que nos topábamos, pero las moscas habrían sido mi perdición si no me hubiesen rescatado. De hecho, fue la más penosa prueba que he soportado jamás. Llegué a comprender perfectamente que una persona cubierta por millones de patas de insectos en movimiento pudiera volverse loca. Por pura suerte no me sucedió a mí.

Una mañana me abordaron tres mujeres. Se acercaron y

me pidieron unos mechones de cabello, que procedieron a arrancarme. Hace treinta años que me tiño el pelo, así que cuando me adentré en el desierto lo tenía de color castaño claro. Lo llevaba largo, aunque siempre recogido. Después de las semanas de caminata, sin que me lo hubiera lavado, cepillado, ni peinado, no sabía qué aspecto tendría. Ni siquiera habíamos encontrado una superficie de agua lo bastante clara como para que nos viéramos reflejados. Imaginaba tan sólo una masa enmarañada y sucia. Llevaba la cinta que Mujer Espíritu me había dado para que no me cayera sobre los ojos.

Las mujeres olvidaron su idea inicial cuando descubrieron que bajo el pelo rubio me crecían raíces oscuras. Echaron a correr para informar al Anciano. Éste era un hombre de mediana edad, tranquilo, de complexión fuerte, casi atlética. En el poco tiempo que habíamos estado viajando juntos, yo había tenido ocasión de observar cuán sinceramente hablaba con los miembros de la tribu y les daba las gracias sin vacilar por la ayuda que hubieran aportado al grupo. Era fácil de comprender por qué ocupaba el lugar de jefe.

El Anciano me recordaba a otra persona. Años antes me encontraba en el vestíbulo de la Southwestern Bell de St. Louis. El portero, que se afanaba en fregar el suelo de mármol, me había permitido entrar para resguardarme de la lluvia mientras esperaba. Un largo coche negro se detuvo delante. El presidente de la Texas Bell se apeó del vehículo y entró. Me saludó con la cabeza, al darse cuenta de mi presencia, y dio los buenos días al portero que limpiaba. Luego le dijo lo mucho que apreciaba su dedicación, y que tenía la confianza de que su edificio siempre estaría resplandeciente para cualquiera que entrara, aunque se tratara de los más altos dignatarios del país, gracias a su empleado. Yo sabía que no lo decía por decir, sino que era muy sincero. Aunque yo sólo era espectadora, sin embargo percibí el orgullo que irradiaba el rostro del portero. Aprendí en aquel momento que los auténticos líderes tienen algo que trasciende las fronteras.

Mi padre solía decirme: «Las personas no trabajan para una empresa, trabajan para otras personas». En las acciones del Anciano de la Tribu del *Outback* hallé los rasgos de un auténtico líder.

Después de acercarse para observar el extraño espectáculo de la Mutante rubia con raíces oscuras en el pelo, el Anciano permitió que los otros echaran un vistazo a la maravilla. Todos los ojos parecieron iluminarse y todos sonrieron de placer. Outa me explicó que sonreían porque a sus ojos me estaba volviendo más parecida a los aborígenes.

Finalizada la diversión, las tres mujeres reanudaron su tarea, que consistía en trenzar con semillas, huesos pequeños, vainas, hierbas y el tendón de un canguro, los mechones arrancados. Al terminar me coronaron con la más compleja cinta para el pelo que he visto jamás. En toda su longitud, y hasta la altura de la barbilla, me colgaban largos mechones que sujetaban los objetos entrelazados. Me explicaron que esta idea nativa para protegerse contra las moscas había servido como modelo para los sombreros de pesca australianos con flotadores de corcho, utilizados habitualmente por los aficionados a la pesca.

Cuando tropezamos con un enjambre de moscas ese mismo día, mi tocado de semillas se convirtió literalmente en un regalo del cielo.

Otro día en que nos acosaba una avalancha de insectos voladores y mordedores, me untaron con aceite de serpiente y cenizas de la fogata del campamento y me hicieron rodar por la arena. Esa combinación espantó a aquellos pequeños bichos. Valía la pena tener que caminar con aspecto de payaso embadurnado, pues sentir que las moscas se me metían en las orejas y el zumbido de un insecto moviéndose en mi cabeza seguía siendo una experiencia infernal.

Pregunté a varios miembros del grupo cómo podían permanecer eternamente inmóviles, dejando que los insectos les cubrieran el cuerpo. Ellos se limitaron a sonreír. Luego me dijeron que el jefe Cisne Negro Real quería hablar conmigo.

–¿Comprendes cuánto tiempo implica un «para siempre»? –me preguntó–. Es mucho, mucho tiempo. Sabemos que en tu sociedad lleváis el tiempo en la muñeca y hacéis las cosas según un horario, así que yo pregunto, ¿comprendes cuánto tiempo implica un «para siempre»?

–Sí –le respondí–. Comprendo qué significa «para siempre».

–Bien –continuó él–. Entonces podemos decirte algo más. Todo en la Unidad tiene un propósito. No hay monstruos, inadaptados ni accidentes. Sólo hay cosas que los seres humanos no comprenden. Tú crees que las moscas son malas, que son un infierno, así que para ti lo son, pero sólo porque te faltan entendimiento y sabiduría. Lo cierto es que son criaturas necesarias y beneficiosas. Se meten en nuestras orejas y nos limpian la cera y la arena que tenemos en ellas después de dormir cada noche. ¿Te das cuenta de que nuestro oído es perfecto? Sí, se meten por nuestra nariz y también nos la limpian. –Señaló mi nariz y dijo–: Tus orificios son muy pequeños, no tienes la nariz de un gran koala como nosotros. Los días venideros van a ser mucho más calurosos y tú vas a sufrir si tu nariz no está limpia. Con un calor extremo no se debe abrir la boca al aire libre. De todas las personas que necesitan una nariz limpia, tú eres la más necesitada. Las moscas se nos acercan y se pegan a nuestro cuerpo y nos quitan todo lo que se elimina. –Extendió un brazo y prosiguió–: Mira lo suave y lisa que es nuestra piel, y fíjate en la tuya. Nunca habíamos conocido a una persona que cambiara de color sólo por caminar. Llegaste a nosotros de un color, luego te pusiste roja, y ahora se te está pelando la piel. Cada día que pasa te vuelves más pequeña. Nunca habíamos visto a nadie que se dejara la piel en la arena, como una serpiente. Necesitas que las moscas te limpien la piel, y algún día iremos al lugar en que las moscas han depositado sus larvas y se nos volverá a proporcionar el alimento. –Exhaló un profundo suspiro. Me miró con fijeza, y dijo–: Los seres humanos no pueden existir si eliminan todo lo que es desagrada-

76

ble en lugar de comprenderlo. Cuando llegan las moscas, nos rendimos a ellas. Tal vez tú estés preparada ya para hacer lo mismo.

La siguiente ocasión en que oí el zumbido de las moscas a lo lejos, desaté la cinta para la cabeza que llevaba sujeta a la cintura y la estudié, pero resolví hacer lo que mis compañeros sugerían. Así que cuando llegaron las moscas, me fui. Me fui a Nueva York con la imaginación, a un balneario muy confortable. Con los ojos cerrados sentía que alguien me limpiaba las orejas y la nariz. Me imaginé el diploma de aquel experto colgado de la pared sobre mi cabeza. Sentí que cientos de diminutas bolas de algodón limpiaban todo mi cuerpo. Por fin las criaturas se fueron y yo volví al *Outback*. Era verdad, la rendición es sin duda la respuesta correcta en ciertas circunstancias.

Me pregunté qué otras cosas en mi vida consideraba erróneas o difíciles, en lugar de explorarlas para comprender su auténtico propósito.

El hecho de no tener un espejo en todo ese tiempo pareció causar un impacto en mi conciencia. Era como caminar dentro de una cápsula con agujeros para ver. Yo siempre estaba mirando hacia fuera, a los demás, observando qué relación tenían con lo que yo estaba haciendo o diciendo. Por primera vez, me parecía que llevaba una vida totalmente honesta. No vestía cierta ropa, como se esperaba de mí en el mundo de los negocios. No me maquillaba. Se me había pelado la nariz una docena de veces. No había fingimiento, ni confrontación de egos para acaparar la atención. En el grupo no se chismorreaba y nadie intentaba superar a nadie.

Sin un espejo que me devolviera espantada la realidad, experimentaba la sensación de sentirme hermosa. Evidentemente no lo era, pero yo me sentía así. La gente de la tribu me aceptaba tal cual, me hacía partícipe, única y maravillosa. Yo estaba aprendiendo cómo se siente una persona cuando la aceptan sin condiciones.

Aquel día me acosté sobre el colchón de arena con el estribillo infantil de Blancanieves, profundamente fijado en mi memoria, resonando en mi cabeza:

> Dime espejo la verdad:
> ¿No es sin par mi gran beldad?

10

Joyas

Cuanto más nos adentrábamos en el desierto, más calor hacía. Y cuanto más calor hacía, más parecían desaparecer la vegetación y toda forma de vida. Caminábamos por un terreno básicamente de arena, con apenas unas cuantas matas de tallos altos, secos y muertos. No había nada a lo lejos, no se veían montañas ni árboles, nada. Era un día arenoso, de arena y hierbas arenosas.

Aquel día empezamos a transportar una lumbre. Se trataba de un palo de madera que se mantenía incandescente, agitándolo con suavidad. En el desierto, donde la vegetación es un bien tan preciado, se emplea cualquier cosa que se encuentre para garantizar la supervivencia. La lumbre se utilizó para encender la hoguera del campamento por la noche, cuando las hierbas secas empezaron a escasear. También observé que los miembros de la tribu recogían los escasos excrementos que dejaban las criaturas del desierto, sobre todo los de dingo, que resultaron ser un potente combustible inodoro.

Me recordaron que todo el mundo tiene diversas aptitudes. Ellos se pasaban la vida explorándose a sí mismos como personas que hacían música, curaban, cocinaban, contaban historias y se daban nuevos nombres con cada mejora personal. Yo empecé a contribuir en la exploración de mis aptitudes para la tribu, refiriéndome a mí misma burlonamente como Recolectora de Excrementos.

Aquel día, una preciosa jovencita se acercó a la maleza y emergió, como por arte de magia, con una hermosa flor amarilla de largo tallo. Se ató el tallo alrededor del cuello de tal modo que la flor le colgara sobre el pecho como una joya valiosa. Los miembros de la tribu se reunieron en torno a ella y le dijeron que estaba preciosa, y que había hecho una maravillosa elección. Se pasó el día recibiendo cumplidos. Yo notaba que resplandecía porque se sentía especialmente guapa.

Mientras la contemplaba recordé un incidente acaecido en mi consultorio justo antes de abandonar Estados Unidos. Me visitó una paciente que sufría de un grave síndrome de estrés. Cuando le pregunté qué estaba ocurriendo en su vida, me contó que su compañía aseguradora había aumentado en ochocientos dólares la prima por uno de sus collares de diamantes. Alguien de Nueva York le había garantizado que podría hacerle un duplicado exacto del collar con piedras falsas. Iba a coger un avión, permanecería allí mientras se lo hicieran, y luego volvería para meter los diamantes en la cámara acorazada de un banco. Con eso no eliminaría la cuantiosa prima del seguro ni la necesidad de tenerlo, puesto que ni siquiera en la mejor cámara acorazada de un banco se puede garantizar una seguridad absoluta, pero la prima se reduciría considerablemente.

Recuerdo que le pregunté por un baile anual que debía celebrarse en breve. La mujer contestó que la imitación estaría lista para entonces y que pensaba ponérsela.

Al final de nuestro día en el desierto, la muchacha de la tribu de los Auténticos depositó la flor en el suelo y la devolvió a la madre tierra. Había servido a su propósito. Estaba muy agradecida por ello y había conservado el recuerdo de toda la atención recibida durante el día. Era la confirmación de su atractivo personal, pero no se había apegado al objeto en sí. La flor se marchitaría, moriría y volvería a convertirse en humus y a reciclarse una vez más.

Pensé en mi paciente. Luego miré a la joven aborigen. Su joya tenía un significado; la nuestra, un valor monetario.

Pensé que realmente alguien en este mundo había equivocado el sistema de valores, pero no creía que fueran aquellos seres primitivos, en la tierra de Australia, llamada de Nunca Jamás.

11

Salsa

No corría el más mínimo soplo de aire, así que notaba incluso el vello que me iba creciendo en las axilas. También notaba que los callos de las plantas de los pies se me estaban haciendo cada vez más gruesos a medida que se iban secando capas más profundas de piel.

Nuestra caminata se interrumpió bruscamente. Nos detuvimos en el lugar en que dos palos cruzados habían señalado una tumba en otro tiempo. El recordatorio ya no se sostenía derecho; las ataduras se habían podrido. Sólo quedaban dos ramas viejas, una larga y otra corta.

Hacedor de Herramientas recogió las ramas, sacó una fina tira de piel de su vistosa *dilli*[1] y reconstruyó la cruz usando el tejido animal con precisión profesional. Varias personas recogieron grandes rocas esparcidas en las cercanías y las colocaron formando un óvalo sobre la arena. El recordatorio de la tumba quedó entonces anclado a la tierra.

–¿Es una tumba de la tribu? –pregunté a Outa.

–No –me contestó–. Albergaba a un Mutante. Hace muchos, muchos años que está aquí; olvidada desde hace tiempo por su gente, y posiblemente incluso por el superviviente que la cavó.

–Entonces, ¿por qué la arreglan? –inquirí.

–¿Y por qué no? No comprendemos vuestras costumbres,

---

1. *Dilli* no tiene traducción exacta. Es una palabra nativa para designar las bolsas de fibras vegetales y corteza de árbol tejidas por los aborígenes. *(N. de la T.)*

no estamos de acuerdo con ellas ni las aceptamos, pero no las juzgamos tampoco. Honramos vuestra posición en el mundo. Estáis donde se supone que debéis estar, dadas vuestras alternativas pasadas y vuestra libre voluntad actual para tomar decisiones. Este lugar nos sirve a nosotros para el mismo propósito que cualquier otro lugar sagrado. Es un momento para detenerse a reflexionar, a confirmar nuestra relación con la Divina Unidad y con toda la vida. No queda nada ahí, ¿sabes?, ni siquiera los huesos. Pero mi nación respeta a tu nación. Bendecimos el lugar, lo liberamos y nos volvemos mejores porque hemos pasado por aquí.

Esa tarde me entregué a una meditación para examinar con todo cuidado los escombros de mi pasado. Fue un trabajo sucio, aterrador, peligroso incluso. Había defendido montones de viejas costumbres y creencias por interés personal. ¿Me habría detenido yo a reparar una tumba judía o budista? Recordaba que me había puesto nerviosa en un atasco de tráfico provocado por la gente que abandonaba un templo religioso. ¿Sería capaz ahora de mostrar la comprensión necesaria para guardar mi equilibrio, mostrarme imparcial y permitir a los demás que siguieran su propio camino con mis bendiciones? Empezaba a comprender: automáticamente le damos algo a cada persona que conocemos, pero elegimos lo que queremos dar. Nuestras palabras, nuestros actos, deben crear el escenario para la vida que deseamos llevar.

De repente sopló una ráfaga de viento. El aire me lamió la piel dolorida, como la lengua rasposa de un gato. Apenas duró unos segundos, pero en cierto modo supe que no iba a ser fácil honrar tradiciones y valores que no comprendía y con los que no estaba de acuerdo, pero también que me reportaría inmensos beneficios.

Por la noche, bajo un cielo dominado por la luna llena, nos congregamos en torno a la fogata del campamento. Un resplandor naranja nos teñía el rostro, y la conversación derivaba hacia el tema de la comida. Era un diálogo abierto. Ellos me preguntaron y yo respondí cuanto me fue posible. Escucharon cada una de mis palabras. Les hablé de las manzanas, de cómo creábamos híbridos, hacíamos compota o la tradicional tarta. Ellos me prometieron buscarme manzanas silvestres para que las probara. Aprendí que los Auténticos eran esencialmente vegetarianos. Durante siglos habían comido frutas, ñames, bayas, frutos secos y semillas silvestres. Ocasionalmente añadían pescado y huevos a su dieta, cuando tales artículos se presentaban con el propósito de honrar su existencia, de formar parte del cuerpo del aborigen. Ellos prefieren no comer cosas que tengan «cara». Siempre han molido el grano, y sólo cuando los empujaron desde la costa hacia el *Outback* se hizo necesaria la ingestión de carne.

Les describí un restaurante y el modo en que se servían las comidas en platos decorados. Mencioné la salsa. La idea resultó confusa para ellos. ¿Por qué cubrir la carne con salsa? Así que acepté hacerles una demostración. Desde luego no tenía la cacerola adecuada. Hasta entonces, nuestra cocina había consistido en trozos pequeños de carne, que solían colocarse sobre la arena después de apartar las ascuas a un lado. Algunas veces la carne se clavaba en espetones apoyados en palos. De vez en cuando se hacía una especie de estofado con carne, vegetales, hierbas y la preciosa agua. En el campamento hallé una piel de las que usábamos para dormir; era suave y sin pelo, y con ayuda de Maestra en Costura conseguimos unos bordes curvos. Ella siempre llevaba una bolsa especial alrededor del cuello; contenía agujas de hueso y tendones. Yo derretí grasa animal en el centro, y cuando quedó líquida añadí un poco de polvo del que habían molido antes, además de hierba de las salinas, una bolita de pimienta picante, triturada, y después agua. Cuando espesó, la eché por encima de la carne troceada que habíamos servido antes, y que era de una criatura muy extraña llamada clamidosauro de King, un lagarto con una membrana en torno al cuello en forma de pechera. La salsa provocó nuevas expresiones faciales y comentarios de todos los que la probaron, pero mostraron mucho tacto. En aquel momento mi memoria retrocedió quince años.

Yo me había inscrito para la elección de Señora América, y me había encontrado con que una parte del concurso nacional consistía en presentar una receta original a la cazuela. Cada día, durante dos semanas, estuve preparando platos a la cazuela. Catorce cenas consecutivas las dedicamos a comer y valorar el sabor, aspecto y textura de cada nuevo plato, en busca de un posible ganador. Mis hijos nunca se negaron a comer, pero pronto se convirtieron en maestros en el arte de decir con tacto lo que pensaban. Tuvieron que soportar algunos sabores muy poco convencionales para apoyar a su madre. Cuando gané el título de «Señora Kansas», ambos gritaron para celebrarlo: «¡Hemos superado el Desafío de la Cazuela!».

En el desierto veía la misma expresión de mis hijos en el rostro de mis compañeros. Nos divertíamos con casi todo lo que hacíamos, y aquello también provocó grandes risas. Pero su búsqueda espiritual está tan presente en todas sus actividades que no me sorprendí cuando alguien comentó que la salsa era un símbolo del sistema de valores de los Mutantes. En lugar de vivir la verdad, los Mutantes permiten que las circunstancias y condiciones entierren una ley universal bajo una mezcla de conveniencia, materialismo e inseguridad.

Lo más interesante de sus comentarios y observaciones fue que nunca me sentí criticada ni juzgada. Ellos no juzgaban jamás que mi gente estuviera equivocada y que su tribu tuviera la razón. Era más bien como un adulto afectuoso observando a un niño que lucha por ponerse el zapato izquierdo en el pie derecho. ¿Quién dice que no se puede recorrer un buena distancia caminando con los zapatos cambiados? Tal vez haya una valiosa lección en los juanetes y las ampollas, pero es un sufrimiento que a un ser mayor y más sabio le parece ciertamente innecesario.

También hablamos de los pasteles de cumpleaños y el sabroso glaseado. La analogía que establecieron con el glaseado me pareció muy convincente. Parecía simbolizar todo el tiempo que pierden los Mutantes en objetivos artificiales, hueros, temporales, decorativos y edulcorados en el espacio de una generación, de modo que en realidad son muy escasos los momentos de su vida que dedican a descubrir quiénes son y cuál es su ser eterno.

Cuando les hablé de las fiestas de cumpleaños, me escucharon atentamente. Hablé del pastel, de las canciones, de los regalos y de la nueva vela que se incorpora cada año.

–¿Para qué lo hacéis? –me preguntaron–. Para nosotros, una celebración significa algo especial. Pero no hay nada especial en hacerse viejo. No exige ningún esfuerzo. Ocurre, simplemente.

–Si no celebráis que os hacéis mayores –dije yo–, ¿qué celebráis?

–Que nos volvemos mejores –fue la respuesta–. Lo celebramos si este año somos personas mejores y más sabias que el año pasado. Sólo uno mismo puede saberlo, así que eres tú quien debe decirle a los demás cuándo ha llegado el momento de celebrar la fiesta.

«Vaya –pensé–, eso es algo que debo recordar.»

Es realmente asombrosa la cantidad de comida silvestre nutritiva que hay disponible y el modo en que aparece cuando la necesitan. El aspecto de las regiones áridas, que parecen inhóspitas, es engañoso. En el suelo yermo hay semillas con vainas muy gruesas. Cuando llegan las lluvias, las semillas enraizan y el paisaje se transforma. Aun así, al cabo de unos pocos días, las flores han completado el ciclo de su existencia, los vientos esparcen las semillas y la tierra vuelve a su estado áspero y agostado.

En diferentes lugares del desierto, en regiones más cercanas a la costa y en las zonas del norte, más tropicales, disfrutamos de comidas copiosas utilizando una especie de judías. Hallamos fruta y una miel estupenda para nuestro té de corteza de sasafrás silvestre. En otro lugar pelamos la corteza de los árboles. La utilizamos para abrigarnos, envolver comida y masticarla por sus propiedades aromáticas que curan las congestiones de cabeza.

Muchos arbustos tienen hojas con las que pueden hacerse

aceites medicinales con los que tratar invasiones bacterianas. Actúan como astringentes que liberan al cuerpo de infecciones y parásitos estomacales. El látex, el fluido que contienen los tallos de algunas plantas y ciertas hojas, sirve para eliminar verrugas, callos y durezas. Los aborígenes disponen incluso de alcaloides, como la quinina. Se estrujan plantas aromáticas y se mojan en agua hasta que el fluido cambia de color. Luego se frotan el pecho y la espalda con él. Si se calienta, se inhala el vapor. Al parecer sirven para limpiar la sangre, estimular las glándulas linfáticas y como ayuda para el sistema inmunológico. Existe un pequeño árbol semejante al sauce que tiene muchas de las propiedades de la aspirina. Se toma para malestares internos, para el dolor producido por torceduras o fracturas, así como para aliviar molestias y punzadas menos importantes de músculos y articulaciones. También es eficaz contra las erosiones de la piel. Otras cortezas se utilizan para diarreas, y con la resina de algunas otras, disuelta en agua, se hace jarabe para la tos.

En general, aquella tribu aborigen era extraordinariamente saludable. Más tarde conseguí identificar algunos de los pétalos de flores que comíamos por su acción contra la bacteria de la fiebre tifoidea. Me preguntaba si tal vez así reforzaban su sistema inmunológico, de modo muy parecido al de nuestras vacunas. Lo que sí sé es que el cuesco de lobo australiano, una variedad de hongo muy grande, contiene una sustancia anticancerígena llamada calvacina, actualmente en estudio. También disponen de una sustancia antitumoral llamada acronicina, que se encuentra en una corteza.

Los aborígenes descubrieron las extrañas propiedades del solano australiano hace siglos. La medicina moderna obtiene de él el esteroide solasodina, que se utiliza para los anticonceptivos orales. El Anciano me advirtió que ellos están seguros de que las nuevas vidas que llegan al mundo deben hacerlo por decisión propia, con el propósito de amarlas y darles la bienvenida. Una nueva vida para la tribu de los Auténticos ha sido siempre, desde el principio de los tiempos, un acto creativo consciente. El nacimiento de un niño significa que han proporcionado un cuerpo terrenal a un alma compañera. Al contrario que nuestra sociedad, ellos no esperan siempre que los cuerpos aparezcan sin defectos. Es la joya invisible que se lleva en el interior la que carece de defectos y da, al tiempo que recibe, ayuda en el proyecto común de las almas para refinarse y mejorar.

Yo tuve la impresión de que si ellos rezaran a nuestro modo, no sería para pedir por el niño abortado sino por el niño no deseado. Todas las almas que deciden experimentar la existencia humana serán honradas, si no a través de un padre y unas circunstancias determinadas, a través de otro, en otro tiempo. El Anciano me comentó que el promiscuo comportamiento sexual de ciertas tribus, sin tomar en consideración el nacimiento resultante, era tal vez el mayor retroceso que había dado la humanidad. Ellos creen que el espíritu entra en el feto cuando anuncia su presencia al mundo mediante el movimiento. Para ellos un niño que nace muerto es un cuerpo que no albergaba ningún espíritu.

Los Auténticos han localizado también una planta silvestre del tabaco. Utilizan las hojas para fumar en pipa en ocasiones especiales. Ellos siguen usando el tabaco como una sustancia única y rara, porque no abunda, que puede producir una sensación de euforia y crear adicción. Se utiliza simbólicamente para saludar a los visitantes o iniciar reuniones. Yo encontré cierta similitud entre su respeto por la planta del tabaco y las tradiciones de los indios americanos. Mis amigos hablaban a menudo de la tierra que pisábamos, recordándome que era el polvo de nuestros antepasados. Ellos decían que en realidad las cosas no mueren, sólo se transforman. Hablaron del cuerpo humano, que vuelve a la tierra para servir de alimento a las plantas, que a su vez son la única fuente de oxígeno para los humanos. Parecían ser mucho más conscientes del valor de las moléculas de oxígeno que necesitan todos los seres vivientes que la inmensa mayoría de la gente norteamericana que conozco.

Los miembros de la tribu de los Auténticos tienen una vista increíble. El pigmento rutina, que se encuentra en diversas plantas autóctonas, es una aceptable sustancia química que se usa en drogas oftalmológicas para combatir la fragilidad de los capilares y vasos sanguíneos del ojo. Al parecer, a lo largo de los miles de años en que los aborígenes fueron los únicos habitantes de Australia, supieron descubrir los efectos que producían los alimentos en el cuerpo.

Uno de los problemas de comer lo que crece de forma silvestre es que existen múltiples plantas venenosas. Ellos reconocen de inmediato lo que supera los límites permisibles. Han aprendido a eliminar las partes venenosas, pero me contaron con tristeza que algunas de las ramas del tronco de la raza aborigen, que habían vuelto al comportamiento agresivo, eran conocidas por utilizar el veneno contra enemigos humanos.

Cuando ya llevaba cierto tiempo viajando con el grupo, empezaron a aceptar mis preguntas como una parte realmente necesaria para mi comprensión personal. Abordé también el tema del canibalismo. Yo había leído los relatos que se hacían en los libros de historia y había oído bromas de mis amigos australianos con referencia a los aborígenes que se comían a la gente, incluso a sus propios hijos recién nacidos. ¿Era eso cierto?, pregunté.

Sí. Desde el alba de los tiempos, los humanos han experimentado con todas las cosas. Tampoco allí, en aquel continente, se había podido evitar. Ciertas tribus aborígenes tuvieron reyes, hubo también gobernantes femeninos, otras raptaron a personas de grupos diferentes, y otras comieron carne humana. Los Mutantes matan y se van, dejando el cadáver para que se encarguen de él. Los caníbales mataban y usaban el cuerpo para alimentarse. El propósito de un grupo no es mejor ni peor que el del otro. Matar a un ser humano, tanto si es para protegerse como para vengarse, por conveniencia o para comer, es siempre lo mismo. No matar a ninguno es lo que diferencia a los Auténticos de las criaturas humanas mutantes.

«No hay moral en la guerra –dijeron–. Pero los caníbales jamás mataron en un día más de lo que podían comer. En vuestras guerras se matan miles de personas en unos minutos. Tal vez sería bueno sugerir a vuestros líderes que ambos bandos de vuestras guerras acordaran sólo cinco minutos de combate. Luego deberían permitir a los padres acudir al campo de batalla para recoger los cuerpos y miembros de sus hijos, llevárselos a casa, llorarlos y enterrarlos. Después de eso, podrían acordarse otros cinco minutos de batalla, o quizá no. Es difícil hallar sentido a lo absurdo.»

Esa noche, tumbada sobre la fina piel que impedía el contacto de mi boca y ojos con la tierra de arenisca, pensé en el largo camino recorrido por la humanidad en muchos aspectos, y en cuánto nos hemos desviado del rumbo correcto en muchos otros.

12

Enterrada viva

La comunicación entre nosotros no era tarea fácil. Me costaba pronunciar las palabras aborígenes. En muchos casos eran realmente largas. Por ejemplo, me hablaron de una tribu llamada pitjantjatjara y de otra llamada yankuntjatjara. Muchas cosas me sonaban iguales hasta que aprendí a escuchar con extrema atención. Comprendo que los periodistas de todo el mundo no se pongan de acuerdo en el modo de escribir las palabras de los aborígenes. Algunos usan B, DJ, D y G, mientras que otros usan P, T, TJ y K para los mismos términos. No es que una cosa sea mejor que otra, porque los aborígenes no utilizan un alfabeto. Nadie saldrá ganando con una discusión al respecto. Mi problema era que la gente con la que viajaba utilizaba sonidos nasales que a mí me resultaba dificilísimo imitar. Para el sonido «ny» tuve que aprender a apretar la lengua contra la parte posterior de los dientes. Comprenderán ustedes a qué me refiero si lo hacen con la palabra «indio». También hay un sonido que se emite elevando la lengua y chasqueándola rápidamente. Cuando cantan, a menudo los sonidos son muy dulces y musicales, pero también tienen ruidos bruscos y contundentes.

En lugar de usar una sola palabra para nombrar la arena, tienen más de veinte términos diferentes que describen las texturas, tipos y características del suelo en el *Outback*. Pero también hay unas cuantas palabras sencillas, como *kupi*, que significa agua. Ellos parecían divertirse aprendiendo palabras de mi idioma, y eran más hábiles aprendiendo mis sonidos que yo los suyos. Yo usaba cuanto creía que podía hacerles sentirse más cómodos, puesto que ellos eran mis anfitriones. Había leído en los libros de historia que me había proporcionado Geoff que cuando la colonia británica se estableció por primera vez en Australia había doscientas lenguas aborígenes diferentes y seiscientos dialectos. Los libros no mencionaban la comunicación mental ni gestual. Yo utilicé una forma tosca de lenguaje de signos. Ése era el método más habitual para hablar durante el día, porque resultaba obvio que ellos compartían mensajes y se contaban historias por telepatía, así que lo más correcto era indicarle algo con un gesto a la persona que caminara junto a mí en lugar de interrumpirla hablando. Utilizábamos el signo universal de mover los dedos para decir «ven», mostrar la palma levantada para indicar «alto», y colocar los dedos sobre los labios para expresar «silencio». Durante las primeras semanas que pasamos juntos, a menudo me pidieron que guardara silencio, pero con el tiempo aprendí a no preguntar tanto y a esperar a que me explicaran las cosas.

Un día levanté un murmullo de risas en el grupo mientras caminábamos. Me picó un insecto, y yo reaccioné rascándome. Ellos se echaron a reír con expresión cómica e imitaron mi gesto. Al parecer había usado el signo específico para denotar que había divisado un cocodrilo. Nos hallábamos a unos trescientos kilómetros, cuando menos, de la zona pantanosa más próxima.

Llevábamos juntos varias semanas cuando caí en la cuenta de que unos ojos me rodeaban cada vez que me aventuraba a alejarme del grupo. Cuanto más densa era la noche, más grandes parecían los ojos. Finalmente las formas se perfilaron y pude reconocerlas. Era una manada de terribles dingos salvajes que nos seguía.

Volví corriendo al campamento, por primera vez realmente asustada, e informé de mi hallazgo a Outa. Él se lo dijo al Anciano. Todos los que se hallaban cerca se mostraron también preocupados. Esperé a oír las palabras, porque para entonces sabía ya que en la tribu de los Auténticos las palabras no surgen de forma automática; siempre piensan antes de hablar.

Podría haber contado lentamente hasta diez antes de que Outa me diera el mensaje. Se trataba de un problema de olor. Yo había empezado a oler mal. Era cierto. Yo misma me olía y veía las caras que ponían los otros. Desgraciadamente no sabía qué hacer. El agua era tan escasa que no podíamos desperdiciarla en bañarnos, ni había bañera donde hacerlo. Mis compañeros no olían tan atrozmente como yo. Sufría a causa de ese problema y ellos sufrían por mi causa. Creo que en parte se debía a que mi piel se estaba quemando y pelando constantemente y a la energía que usaba para eliminar las toxinas y la grasa acumuladas. Era evidente que perdía peso de día en día. Desde luego la falta de desodorante y de papel higiénico no hacía más que empeorar las cosas, pero había notado algo más: al poco rato de comer, ellos se adentraban en el desierto para hacer sus necesidades, y sus deposiciones no tenían el olor tan fuerte que nosotros le asociamos. Estaba convencida de que, después de cincuenta años de dieta civilizada, tardaría cierto tiempo en desintoxicar mi cuerpo, pero me parecía posible si me quedaba en el *Outback*.

No olvidaré nunca el modo en que el Anciano me explicó la situación y la solución definitiva. No les preocupaba por ellos mismos; me habían aceptado para lo mejor y lo peor. Tampoco les inquietaba nuestra seguridad, sino la de los pobres animales. Yo los tenía desorientados. Outa dijo que los dingos creían que la tribu acarreaba un trozo de carne podrida y que eso los estaba volviendo locos. No tuve más remedio que echarme a reír, porque ése era realmente mi olor, como el de un pedazo de hamburguesa tirado al sol.

Por mi parte declaré que apreciaría cualquier sugerencia que pudiera ayudarme. Así que al día siguiente, cuando el sol estaba en su cenit, cavamos juntos una trinchera, formando un ángulo de cuarenta y cinco grados, y yo me tumbé en ella. Luego me cubrieron de tierra por completo; sólo la cara quedaba al descubierto. Dispusieron una sombra y me dejaron allí durante dos horas. Estar enterrada, completamente desvalida y sin poder mover un solo músculo era toda una experiencia para mí. Si se hubiesen marchado entonces, me habría convertido en un esqueleto allí mismo. Al principio me inquietaba que algún lagarto curioso, alguna serpiente o rata del desierto me corriera por la cara. Por primera vez en mi vida me identifiqué realmente con una víctima de la parálisis que, pensando en mover un brazo o una pierna, no consiguiera respuesta. Pero en cuanto me relajé y cerré los ojos, concentrándome en liberar las toxinas de mi cuerpo y absorber los maravillosos elementos fríos y refrescantes de la tierra, el tiempo pasó más deprisa.

Ahora comprendo el viejo refrán: «De la necesidad nace el consejo».

¡Funcionó! Dejamos el olor tras de nosotros, enterrado en la tierra.

13

La curación

Se acercaba la estación de las lluvias. Ese día divisamos una nube que se mantuvo a la vista durante un corto período de tiempo. Fue una imagen que valoramos por su rareza. De vez en cuando incluso caminamos bajo su gran sombra, desde donde teníamos la misma visión que posiblemente tenga una hormiga de la suela de una bota. Era una delicia hallarse entre gente adulta que no había perdido el sentido infantil de la diversión, tan importante siempre. Echaban a correr hacia el sol alejándose de la nube y mofándose de ella por la lentitud con que se movía. Luego volvían a refugiarse bajo su sombra y me decían que el aire fresco era un regalo maravilloso de la Divina Unidad. Resultó un día muy alegre y juguetón. Sin embargo, al caer la tarde se desató la tragedia, o al menos lo que a mí me pareció una tragedia en ese momento.

En el grupo había un hombre de treinta y tantos años que se llamaba Gran Rastreador de Piedras. Su talento consistía en hallar piedras preciosas. Recientemente se había añadido el «Gran», porque a lo largo de los años había desarrollado una habilidad especial para encontrar unos maravillosos y enormes ópalos e incluso pepitas de oro en las zonas mineras, después de que las compañías explotadoras hubieran abandonado las minas. Los Auténticos creían al principio que los metales preciosos eran superfluos. No se podían comer, y en una nación sin mercados no servían para comprar alimentos. Se valoraban tan sólo por su belleza y por el uso que se les pudiera dar. No obstante, con el tiempo, los nativos descubrieron que eran muy apreciados por el hombre blanco, lo cual resultaba más raro incluso que su extraña creencia de que podían ser amos de las tierras y venderlas. La tribu utiliza las gemas para financiar los gastos del explorador de la tribu, que va periódicamente a la ciudad y luego regresa con su información. Gran Rastreador de Piedras jamás se aventura por las cercanías de una mina que siga en funcionamiento porque a los aborígenes les persigue el recuerdo de aquellos antepasados suyos obligados a trabajar en las explotaciones mineras, donde entraban un lunes y no volvían a salir hasta el fin de semana. Cuatro de cada cinco morían. Habitualmente se les acusaba de algún crimen y eran condenados a trabajos forzados. También tenían que satisfacer ciertas cuotas, y muchas veces se obligaba a la mujer y a los hijos a trabajar con el reo; unas tres personas podían cumplir la cuota establecida para un individuo. Al parecer era muy fácil hallar alguna infracción para alargar las condenas. No había escapatoria posible. Por supuesto, aquella degradación de las vidas humanas era muy legal.

Aquel día en particular, Gran Rastreador de Piedras caminaba por el borde de un terraplén cuando la tierra cedió y él cayó por el risco hasta la superficie rocosa, seis metros más abajo. El terreno por el que caminábamos estaba formado por grandes capas de granito pulido natural, de láminas de roca y extensiones pedregosas.

Por entonces yo tenía unos buenos callos en las plantas de los pies, parecidos a aquella especie de pezuñas de mis compañeros, pero ni siquiera esa capa de piel muerta bastaba para caminar cómodamente sobre las piedras. Tenía el pensamiento puesto en los pies. Recordaba un armario que tenía en casa, lleno de zapatos, donde no faltaban botas de excursionista y zapatillas deportivas. Oí el grito de Gran Rastreador de Piedras cuando ya volaba por los aires. Corrimos todos hasta el borde y miramos hacia abajo. Parecía un guiñapo, y se veía ya un oscuro charco de sangre. Varios miembros de la tribu corrieron cuesta abajo hasta la garganta y lo subieron en un santiamén haciendo uso de un sistema de relevos. Dudo que hubiera tardado menos si hubiese subido flotando. Las manos que lo transportaban parecían la oruga de una cadena de montaje.

Cuando lo depositaron sobre la pulimentada roca de la cima, la herida quedó a la vista. Era una fractura complicada y muy grave entre la rodilla y el tobillo. El hueso sobresalía unos cinco centímetros, como un enorme y feo colmillo, a través de la piel de color chocolate con leche. Inmediatamente alguien se quitó una cinta del cabello e hizo un torniquete con ella alrededor del muslo. Hombre Medicina y Mujer que Cura se hallaban a cada lado del herido. Otros miembros de la tribu empezaron a prepararlo todo para acampar allí aquella noche.

Yo me acerqué poco a poco hasta quedar junto a la figura prostrada.

—¿Puedo mirar? —pregunté.

Hombre Medicina pasaba las manos por encima de la pierna herida, a unos dos centímetros de la piel, con un suave movimiento deslizante, primero en paralelo y luego con una de arriba abajo y la otra al revés. Mujer que Cura me sonrió y habló a Outa, quien me tradujo su mensaje:

—Esto es para ti. Nos han dicho que tu talento, entre tu gente, es el de mujer que cura.

—Supongo que sí —respondí.

Nunca me había gustado la idea de que la curación de un enfermo dependiera de los médicos o de sus trucos, porque años atrás, cuando tuve que enfrentarme con la polio, aprendí que la curación tiene una única fuente. Los médicos ayudan al cuerpo eliminando partículas extrañas, inyectando sustancias químicas o devolviendo huesos a su sitio, pero eso no significa que el enfermo vaya a curarse. De hecho, estoy convencida de que jamás ningún médico en ningún lugar de ningún país y en ninguna época de la historia ha curado a nadie. Cada persona lleva la curación en su interior. Los médicos son como mucho unas personas que han reconocido en sí mismas un talento individual, lo han desarrollado y tienen el privilegio de servir a la comunidad haciendo lo que mejor se les da y más les gusta. Pero aquél no era el momento más adecuado para una discusión a fondo. Acepté los términos que Outa había decidido utilizar y convine con los nativos en que también yo, en mi sociedad, era considerada una mujer que cura.

Según me explicaron, el movimiento de las manos a lo largo de la pierna sobre la zona herida, sin tocarla, era un método para devolver la antigua forma de la pierna sana y para eliminar la hinchazón. Hombre Medicina le refrescaba la memoria al hueso para que reconociera la auténtica naturaleza de su estado sano. Con esto se eliminaba el impacto provocado al partirse en dos y abandonar la posición desarrollada durante más de treinta años. Lo que hacían era «hablarle» al hueso.

A continuación, los tres personajes principales del drama, Hombre Medicina a los pies, Mujer que Cura arrodillada a un lado y el paciente tumbado de espaldas sobre la tierra, empezaron a hablar con un sonsonete de plegaria. Hombre Medicina colocó las manos alrededor del tobillo. En realidad no parecía que tocara ni tirara del pie. Mujer que Cura hizo lo propio con la rodilla. Hablaban en forma de cánticos, cada uno de ellos diferente. En un momento dado alzaron la voz al unísono y gritaron algo. Debieron de utilizar un método de tracción, pero yo fui incapaz de verlo. Sencillamente, el hueso volvió a meterse por el agujero del que asomaba. Hombre Medicina juntó los dos bordes de piel e hizo una seña a Mujer que Cura, que desató el extraño y largo tubo que siempre llevaba consigo.

Unas semanas antes, yo le había preguntado a Mujer que Cura qué hacían las mujeres cuando tenían la menstruación, y ella me había mostrado unas compresas hechas de juncos, paja y finas plumas de pájaros. Después, de vez en cuando, observaba que una mujer abandonaba el grupo para internarse en el desierto y ocuparse de sus necesidades. Enterraban la pieza sucia igual que enterrábamos nuestros excrementos diarios, como hacen los gatos. De vez en cuando sin embargo, había advertido que una mujer volvía del desierto con algo en la palma de la mano, que llevaba a Mujer que Cura. Ésta abría el extremo superior de su largo tubo. Observé que estaba forrado de las hojas de plantas que usaron para curarme los pies llagados y las quemaduras del sol. Mujer que Cura metía dentro el enigmático objeto. Las pocas veces que me acerqué, me llegó un insoportable hedor. Finalmente descubrí lo que guardaban en secreto: grandes coágulos de sangre expulsados por las mujeres.

Aquel día, Mujer que Cura no abrió el extremo superior del tubo, sino el inferior. No salió ningún tufo. No desprendía ningún mal olor. La mujer apretó el tubo con la mano y de él surgió una brea negra, espesa y reluciente, que utilizó para unir los bordes desiguales de la herida. Literalmente los alquitranó, untando la sustancia por toda la superficie de la herida. No hubo vendaje, ataduras, entablillado, muletas ni suturas.

Pronto se olvidó el accidente y nos ocupamos de la comida. Por la noche se hicieron turnos para colocar la cabeza de Gran Rastreador de Piedras sobre el regazo, de modo que viera mejor desde el lugar en que reposaba. También yo hice un turno. Quería tocarle la frente y comprobar si tenía fiebre. Además deseaba tocar y estar cerca de una persona que, al parecer, había aceptado ser demostración viviente de sus métodos de curación en mi honor. Cuando tenía su cabeza en mi regazo, alzó la vista hacia mí y me guiñó un ojo.

A la mañana siguiente, Gran Rastreador de Piedras se levantó y caminó con nosotros. No cojeaba en absoluto. Me habían dicho que el ritual practicado reduciría el trauma óseo y evitaría que se inflamara la pierna. Era cierto. Durante varios días la examiné de cerca y observé cómo se secaba la negra sustancia natural y empezaba a desprenderse. Al cabo de cinco días había desaparecido; sólo quedaban unas finas cicatrices en el sitio por donde había salido el hueso. ¿Cómo podía aquel hombre, que pesaba unos sesenta y cinco kilos, apoyarse en un hueso completamente partido, sin muleta y sin que le volviera a salir de sopetón por el agujero? Estaba maravillada. Sabía que los miembros de la tribu gozaban de muy buena salud en general, pero además parecían poseer un talento especial para resolver las urgencias.

Los que poseían talento para curar no habían estudiado nunca bioquímica ni patología, pero poseían las credenciales de la verdad, la intención y el compromiso con el bienestar físico.

Mujer que Cura me preguntó:

–¿Comprendes cuánto tiempo implica «para siempre»?

–Sí –repliqué–. Lo comprendo.

–¿Estás segura?

–Sí, estoy segura.

–Entonces podemos decirte algo más. Todos los humanos son espíritus que sólo están de paso en este mundo. Todos los espíritus son seres que existen para siempre. Todos los encuentros con otras personas son experiencias y todas las experiencias son relaciones para siempre. Los Auténticos cierran el círculo de cada experiencia. No dejamos cabos sueltos como los Mutantes. Si te alejas con malos sentimientos en el corazón hacia otra persona y ese círculo no se cierra, se repetirá más adelante. No lo sufrirás una sola vez sino una y otra hasta que aprendas. Es bueno observar, aprender y almacenar la experiencia para ser más sabios. Es bueno dar las gracias, dejarlo bendecido, como vosotros decís, y alejarse luego en paz.

Yo no sé si el hueso de la pierna de aquel hombre se curó rápidamente o no. No tenía rayos X a mano para examinarlo antes y después, y él no era un superhombre, pero a mí no me importó. No sufrió. No le quedaron secuelas, y en lo que concernía a los demás, la experiencia había terminado. Nos alejamos en paz, y era de esperar que un poco más sabios. El círculo se había cerrado. No se gastaron más energías, tiempo ni atención en él.

Outa me dijo que ellos no habían provocado el accidente.

Sólo habían pedido que, si era por el supremo bien de la vida en todas partes, estaban abiertos a una experiencia con la que yo pudiera aprender en la práctica sus métodos de curación. No sabían si se presentaría la oportunidad ni a quién podría tocarle, pero estaban dispuestos a ofrecérmela como experiencia. Cuando se produjo, se sintieron agradecidos una vez más por el don que habían podido compartir con la Mutante foránea.

También yo estaba agradecida aquella noche por la oportunidad de conocer las misteriosas mentes vírgenes de aquellos humanos a los que llamaban incivilizados. Quería aprender más cosas sobre sus técnicas de curación, pero no deseaba la responsabilidad de añadir nuevos retos a sus vidas. Tenía muy claro que la supervivencia en el *Outback* era un reto más que suficiente.

Debería haber comprendido que ellos me leían la mente y que sabían lo que pedía antes de expresarlo. Aquella noche hablamos largo y tendido sobre la relación entre el cuerpo físico, la parte eterna de nuestra existencia y un nuevo aspecto que no habíamos tocado antes: el papel de los sentimientos y las emociones en la salud y el bienestar.

Ellos creen que sólo las emociones tienen una verdadera importancia; se quedan grabadas en cada célula del cuerpo, en el núcleo de personalidad, en la mente y en el ser eterno. Así como ciertas religiones hablan de la necesidad de alimentar al hambriento y dar agua al sediento, aquella tribu decía que el alimento y el líquido que se dan y la persona que los recibe no son esenciales. Lo que cuenta es el sentimiento que se experimenta cuando se entrega uno con sinceridad y afecto. Dar agua a una planta o a un animal moribundos, o dar ánimos a una persona, proporciona tanta sabiduría sobre la vida y nuestro Creador como dar de beber a una persona sedienta. Cada uno de nosotros abandona este plano de la existencia con una tarjeta de puntuación, por así decirlo, en la que se refleja momento a momento el modo en que se han dirigido las propias emociones. Son los sentimientos invisibles e incorpóreos que llenan nuestra parte eterna los que marcan la diferencia entre los buenos y los menos buenos. La acción es tan sólo un canal mediante el que se permite expresar y experimentar el sentimiento, la intención.

Para devolver el hueso a su sitio, los dos médicos nativos habían enviado pensamientos de perfección al cuerpo. Cabeza y corazón habían desempeñado un papel tan importante como el de las manos. El paciente estaba abierto y receptivo al bienestar y creía en un estado de restablecimiento total e inmediato. Ante mi asombro, lo que para mí era milagroso, desde la perspectiva de la tribu era obviamente normal. Empecé entonces a preguntarme hasta qué punto en Estados Unidos el sufrimiento, debido a enfermedad y experimentado por el paciente, se debía a una predeterminación emocional, no a nivel consciente, por supuesto, sino a cierto nivel del subconsciente.

¿Qué ocurriría en Estados Unidos si los médicos pusieran tanta fe en la capacidad curativa del cuerpo humano como la que tienen en las drogas? Cada vez valoraba más la importancia del vínculo entre médico y paciente. Si el médico no cree que la persona se va a recuperar, esa misma incredulidad puede dar al traste con su trabajo. Aprendí hace mucho tiempo que cuando un médico le dice a un paciente que no tiene cura, lo que en realidad quiere decir es que él no tiene información para curarlo. No significa que no exista cura. Si cualquier otra persona ha superado alguna vez esa misma enfermedad, es evidente que el cuerpo humano tiene la capacidad para curarla. En mis largas conversaciones con Hombre Medicina y Mujer que Cura, descubrí una nueva e increíble perspectiva sobre la salud y la enfermedad. «Curar no tiene absolutamente nada que ver con el tiempo —me dijeron—. Tanto la salud como la enfermedad se producen en un instante.» Según yo interpretaba estas palabras, el cuerpo es un conjunto bueno y saludable a nivel celular, pero de repente se produce el primer desarreglo o anomalía en alguna parte de una célula. Pueden pasar meses o años antes de que se identifiquen los síntomas o se establezca el diagnóstico. Y la curación es el proceso inverso. Uno está enfermo y su salud va decayendo; según la sociedad en la que viva, recibirá un tipo de tratamiento u otro. En un momento el cuerpo detiene su declive e inicia la primera etapa de su recuperación. La tribu de los Auténticos cree que no somos víctimas al azar de una mala salud, sino que nuestro cuerpo es el único medio que tiene nuestro nivel superior de conciencia para comunicarse con nuestra conciencia personal. Con su declive, el cuerpo nos da la oportunidad de mirar en derredor y analizar las heridas que son realmente importantes y que hemos de reparar: las relaciones en crisis, las brechas abiertas en nuestro sistema de valores, los tumores amurallados del miedo, la fe erosionada en nuestro Creador, las emociones insensibilizadas que impiden el perdón, y tantas otras cosas.

Yo pensé en los médicos norteamericanos que trabajan ahora con las imágenes mentales positivas para tratar a los enfermos de cáncer. En su mayoría no son bien vistos por el resto de sus colegas. Lo que intentan explorar es demasiado «nuevo». Ante mí tenía el ejemplo de los seres humanos más antiguos de la Tierra, que usaban técnicas transmitidas de generación en generación y que me habían demostrado su valor. Sin embargo, nosotros, la llamada sociedad civilizada, no queremos utilizar la transmisión de pensamientos positivos porque tememos que sea tan sólo una moda, y convenimos prudentemente en que sería mejor esperar un tiempo y ver cómo funciona bajo ciertas condiciones. Cuando un Mutante en estado crítico ha recibido ya todos los tratamientos que le puede ofrecer la medicina y se halla al borde de la muerte, el médico le dice a la familia que ha hecho cuanto estaba a su alcance. Es cierto, cuántas veces habré oído el comentario: «Lo siento, no podemos hacer nada más. Ahora está en manos de Dios». Es curioso que nos suene a cosa del pasado.

No creo que los Auténticos sean superhombres por el modo en que tratan accidentes y enfermedades. Creo sinceramente que todo lo que ellos hacen tiene una explicación científica. El hecho es que nosotros construimos máquinas para que realicen ciertas técnicas, y los Auténticos son la prueba de que pueden llevarse a cabo sin aparatos eléctricos.

La humanidad explora a la aventura y con gran esfuerzo, pero en el continente australiano se aplican las más refinadas técnicas médicas a unos miles de kilómetros tan sólo de las antiguas prácticas que han salvado vidas desde tiempos inmemoriales. Tal vez un día se unirán y se completará el círculo del conocimiento.

¡Qué día para una celebración mundial!

14

Tótems

Un buen día el viento cambió de dirección y ganó en intensidad, y nosotros caminábamos contra la arena que nos llovía sobre el cuerpo. Las huellas de nuestras pisadas se desvanecían de la superficie de la tierra en el momento mismo en que aparecían. Me esforcé por ver algo más allá del polvo rojo. Era como tener los ojos inyectados en sangre. Por fin hallamos refugio junto a la pared rocosa de una loma y allí nos apiñamos para protegernos del rigor del viento. Envueltos en pieles y sentados muy juntos, pregunté:

–¿Cuál es exactamente vuestra relación con el reino animal? ¿Cuáles son vuestros tótems, los emblemas que sirven para recordar vuestra ascendencia?

–Todos somos uno –fue la respuesta–, en sacar fuerza de la debilidad.

Me contaron que el halcón pardo que nos seguía recordaba a la gente que algunas veces sólo creemos en lo que tenemos delante de las narices. Pero si nos elevamos para volar más alto, obtendremos una visión mucho más amplia. Me dijeron que los Mutantes que mueren en el desierto porque no ven agua y se enfurecen y se desalientan, en realidad mueren de emoción.

La tribu de los Auténticos cree que los seres humanos tienen todavía mucho aprendizaje evolutivo por delante como familia global. Cree asimismo que el universo sigue creciendo, que no es un proyecto acabado. Los humanos parecen estar demasiado ocupados en existir como para ocuparse de su auténtico ser.

Me hablaron del canguro, la silenciosa criatura, habitualmente apacible, que crece de los sesenta centímetros a los dos metros de altura y cuya piel tiene los colores de la tierra, desde el pálido gris plata hasta el rojo cobrizo. Ellos creen que los Mutantes conceden demasiada importancia al color de la piel y la forma de los cuerpos. La principal lección que nos da el canguro es que él jamás retrocede. No le es posible hacerlo; tiene que ir siempre hacia delante, aun cuando esté trazando círculos. Su larga cola es como el tronco de un árbol y equilibra su peso. Muchas personas eligen al canguro como tótem porque sienten una verdadera afinidad con él y reconocen la necesidad de mantener una personalidad equilibrada. A mí me gustó la idea de hacer un repaso de mi vida y considerar que, aun cuando diera la impresión de que había cometido un error o había elegido mal, en cierto nivel de mi existencia, era lo mejor que podía hacer en ese momento y que, a la larga, resultaría ser un paso hacia delante. El canguro controla también su reproducción y deja de multiplicarse cuando las condiciones de su medio ambiente son adversas.

La sinuosa serpiente es una herramienta de aprendizaje cuando observamos la frecuencia con que cambia de piel. Poca cosa se ha hecho en la vida si lo que crees a los siete años sigue siendo lo que sientes a los treinta y siete. Es necesario desprenderse de viejas ideas, costumbres, opiniones y, a veces, incluso de viejos compañeros. La serpiente no es menor ni mayor por despojarse de la antigua piel; sencillamente esta mutación es necesaria. No pueden recibirse cosas nuevas si no hay espacio para ellas. Alguien parece y se siente más joven cuando se despoja de su antiguo bagaje, aunque no lo es, por supuesto. Los Auténticos se rieron de mi idea porque a esta tribu le parece absurdo contar los años de edad. La serpiente domina el arte del encanto y del poder. Ambos son buenos, pero pueden ser destructivos cuando se vuelven irresistibles. Hay muchas serpientes venenosas cuyo veneno puede usarse para matar a seres humanos. Cumple bien ese fin pero, como tantas otras cosas, tiene también un propósito significativo, como es el de ayudar a la persona que cae en un hormiguero o a la que han picado avispas o abejas. Los Auténticos respetan la necesidad de intimidad de la serpiente, del mismo modo que ellos precisan de un tiempo en soledad.

El emú es un ave de gran tamaño y fuerza que no vuela. Es de gran ayuda en la recolección de alimentos porque come fruta y, al evacuar las semillas a su paso, nos permite disfrutar de abundantes plantas alimenticias, en grandes extensiones. También pone unos huevos grandes de color verdinegro. Es el tótem de la fertilidad. El delfín es una criatura muy querida por los Auténticos, aunque ya no tengan demasiado acceso al mar. El delfín fue la primera criatura con la que pudieron experimentar la comunicación de mente a mente, y demuestra que el propósito de la vida es ser libre y feliz. Ellos aprendieron de este maestro de los juegos que no hay competición, ni perdedores ni ganadores, sólo diversión para todos. La lección de la araña es no ser nunca avaricioso. Esta criatura nos demuestra que los objetos necesarios también pueden ser bellos y artísticos. La araña nos enseña asimismo que nos volvemos narcisistas con excesiva facilidad.

Charlamos también de las enseñanzas de la hormiga, el conejo, los lagartos, e incluso el *brumbie*, el caballo salvaje de Australia. Cuando yo les hablé de ciertos animales en peligro de extinción, me preguntaron si los Mutantes no percibían en el final de una especie un nuevo paso hacia el final de la especie humana.

Por fin cesó la tormenta de arena. Tuvimos que salir escarbando. Más tarde me dijeron que habían llegado a un acuerdo sobre el animal al que yo era afín. Para determinarlo habían contemplado mi sombra, mis movimientos y la forma de andar que había adquirido cuando se endurecieron mis pies. Me dijeron que dibujarían el animal en la arena. Con el sol brillando como un foco ante mis ojos, utilizaron los dedos de manos y pies como pinceles. Apareció el perfil de una cabeza, a la que alguien añadió unas pequeñas orejas redondas. Me miraron la nariz y proyectaron su sombra en la arena.

Mujer Espíritu dibujó los ojos y me dijo que eran del mismo color que los míos. Luego añadieron marcas de manchas y yo bromeé, diciendo que ya se me habían tapado todas las pecas. «No sabemos qué animal es –dijeron–. No existe en Australia.» Tenían la sensación de que la hembra de aquella especie, tal vez mítica, era la encargada de cazar y que viajaba sola la mayor parte del tiempo. El bienestar de sus cachorros estaba por encima de su propia seguridad o la de su compañero. Luego Outa añadió sonriendo:

–Cuando las necesidades de este animal se han satisfecho, es pacífico, pero también sabe usar sus afilados dientes.

Yo miré el dibujo acabado y vi una onza.

–Sí –dije–. Sé qué animal es. –Podía sentir afinidad con todas las enseñanzas de aquel enorme gato.

Recuerdo el gran silencio que pareció reinar aquella noche, y pensé que el halcón pardo también debía estar descansando. La luna creciente brillaba en un cielo sin nubes cuando me di cuenta de que el día había transcurrido mientras hablábamos, en lugar de caminar.

15

Pájaros

Hermana del Ensueño de los Pájaros se adelantó al círculo matinal. Ofrecía compartir su talento con el grupo si era en provecho de todos. Si lo era, la Divina Unidad proveería. No habíamos visto un solo pájaro en dos o tres semanas, excepto mi fiel amigo, el halcón pardo, con sus alas de oscuro terciopelo, que se abatía sobre nuestro grupo en movimiento, siempre acercándose más a mi cabeza que a las otras.

El acontecimiento excitó a las gentes de la tribu, y para entonces también yo creía que aparecerían pájaros de la nada si ése era el programa del día.

La brillante luz anaranjada del sol bañaba las colinas distantes a media ladera cuando los vimos acercarse. Era una bandada de pájaros de gran colorido, más grandes que los periquitos que yo solía tener enjaulados en casa, con una variedad de colores similar. Eran tan numerosos que con el batir de su alas nos impedían ver el cielo azul. De repente un silbido de bumeranes recorrió el cielo para mezclarse con el piar de las aves, que sonaba como si clamaran insistentemente, «Mi, mi, mi». Cayeron en el aire en grupos de dos y tres. Ni uno solo de los pájaros caídos al suelo vivía para sufrir. Todos murieron en el acto.

Aquella noche disfrutamos de una maravillosa cena, que aportó además plumas multicolores para el grupo. Se hicieron petos y cintas para la cabeza, y otras se utilizaron en las compresas de las mujeres para su ciclo menstrual. Nos comimos la carne. Los sesos se separaron y se guardaron aparte. Se secaron y utilizaron más tarde, algunos mezclados con las hierbas medicinales y otros con agua y aceite para los procesos de curtido. Los pocos despojos que quedaron se dejaron para los dingos salvajes que de vez en cuando seguían nuestro rastro.

No quedó residuo alguno. Todo se recuperó para la naturaleza y para la tierra. Nuestra comida campestre no dejó basuras; de hecho, difícilmente se hubiera podido determinar dónde habíamos comido y acampado a lo largo del viaje.

Los Auténticos son maestros en la armonía con la naturaleza, que utilizan sin perturbar el universo.

16

La costura

Acabábamos de dar fin a la comida del día. Del fuego sólo quedaba el tenue resplandor de los rescoldos y las chispas que de vez en cuando saltaban hacia el cielo infinito en derredor nuestro. Algunos de nosotros estábamos sentados en círculo alrededor de las sombras danzantes. Los Auténticos, como muchas tribus de indígenas americanos, creen que es muy importante que observemos a los demás miembros del grupo cuando están sentados en círculo, sobre todo a la persona que se sienta justo delante de ti, porque esa persona es su reflejo espiritual. Las cosas que admiras en ese individuo son cualidades propias a las que deseas darles preeminencia. Los actos, la apariencia y el comportamiento que no te gustan son las cosas de ti mismo sobre las que necesitas trabajar. No se puede reconocer en los demás lo que uno considera bueno o malo, a menos que uno mismo tenga las mismas debilidades y cualidades en algún nivel de su personalidad. Tan sólo difieren en el grado de autodisciplina y la fuerza de su carácter. Ellos creen que las personas sólo pueden cambiar de verdad por una decisión propia, y que todo el mundo tiene la capacidad de cambiar cuanto quiera de su propia personalidad. No hay límite para lo que uno puede eliminar o adquirir. También creen que la única influencia real que se puede ejercer sobre otra persona parte de tu propia vida, del modo en que actúas y de lo que haces. Debido a esta forma de pensar, los miembros de la tribu tienen el compromiso permanente de ser mejores personas.

Yo estaba sentada frente a Maestra en Costura. Su cabeza

se hallaba inclinada en profunda concentración sobre una labor de remiendo. Ese mismo día, temprano, Gran Rastreador de Piedras había acudido a ella porque el pellejo de agua que llevaba atado alrededor de la cintura se le había caído súbitamente. No era la vejiga de canguro llena del precioso líquido la que se había desgastado sino tan sólo la cinta de cuero que la sujetaba a su costado.

Maestra en Costura cortó el hilo natural con los dientes. Se le habían quedado muy lisos y de la mitad de su tamaño original. Alzó la cabeza de la labor y dijo:

–Es interesante lo de los Mutantes y su envejecimiento, que se hagan demasiado viejos para ciertos trabajos, que tengan una utilidad limitada...

–Nunca demasiado viejos para el dinero –añadió alguien.

–Al parecer, el comercio se ha convertido en un azar para los Mutantes. Vuestros negocios se iniciaron para que la gente colectivamente tuviera mejores productos de los que podría conseguir por sí sola, y como un método de expresar el talento individual y formar parte de vuestro sistema monetario. Pero ahora el objetivo del comercio es seguir comerciando. A nosotros nos parece extraño porque vemos el producto como una cosa real y a las personas como cosas reales, pero el comercio no es real. Un negocio es sólo una idea, sólo un acuerdo; sin embargo, el objetivo del comercio es seguir comerciando, a pesar de todo. Estas creencias son difíciles de comprender –comentó la Maestra en Costura.

Entonces yo les hablé del sistema de gobierno de la libre empresa, de propiedad privada, corporaciones, acciones y bonos, subsidio de desempleo, seguridad social y sindicatos. Les expliqué lo que sabía sobre la forma de gobierno en Rusia, y acerca de las diferencias existentes en la economía de China y Japón. Yo he dado conferencias en Dinamarca, Brasil, Europa y Sri Lanka, así que compartí con ellos lo que sabía sobre la vida de todos esos lugares.

Charlamos también sobre industria y productos. Todos

estaban de acuerdo en que los automóviles eran medios de transporte útiles. Opinaban sin embargo que no valía la pena tener uno para ser esclavo de los pagos, verse envuelto posiblemente en un accidente que, con toda seguridad, causaría un conflicto con otra persona, convirtiéndola tal vez en enemiga, y compartir la limitada agua del desierto con cuatro ruedas y un asiento. Además, ellos nunca tienen prisa.

Miré a Maestra en Costura, que estaba sentada frente a mí. Yo admiraba muchos de los extraordinarios rasgos de su carácter. Era versada en la historia del mundo, e incluso en acontecimientos actuales, a pesar de que no sabía leer ni escribir. Era creativa. Me di cuenta de que se ofrecía a subsanar el problema de Gran Rastreador de Piedras antes de que éste se lo pidiera. Era una mujer con un propósito en la vida y lo cumplía. Me pareció que aprendería muchas cosas si observaba a la persona que se sentaba enfrente en el círculo.

Me pregunté qué pensaría ella de mí. Cuando formábamos un círculo, siempre había quien se sentaba delante de mí, pero no competían por el puesto. Yo sabía que uno de mis principales defectos era que hacía demasiadas preguntas. Tenía que recordarme de continuo que aquellas personas lo compartían todo abiertamente, así que también me incluirían a mí cuando llegara el momento oportuno. Tal vez para ellos era como un niño que no paraba de importunar.

Nos retiramos a dormir y yo seguía pensando en sus comentarios. El comercio no es real, sólo es un acuerdo; sin embargo, el objetivo del comercio es seguir comerciando sea cual fuere el efecto sobre las personas, el producto y los servicios. Era una observación muy sagaz, procediendo de alguien que no había leído un periódico, no había visto la televisión ni había escuchado la radio en toda su vida. En aquel momento deseé que el mundo entero pudiera oír a aquella mujer.

En lugar de llamarlo *Outback*, tal vez deberían considerar aquel páramo como el centro de las inquietudes humanas.

17

La medicina de la música

Varios miembros de la tribu poseían la medicina de la música. Medicina era la palabra que a veces se utilizaba en las traducciones. No tenía el sentido de producto medicinal, ni estaba relacionada únicamente con la curación física. Medicina era cualquier cosa buena que uno aportaba al bienestar general del grupo. Outa explicó que era bueno tener el talento, o medicina, para arreglar huesos rotos, pero que eso no era mejor ni peor que el talento para la fertilidad y para hallar huevos. Ambos son necesarios y ambos son exclusivamente personales. Yo me mostré de acuerdo y aguardé con impaciencia un futuro festín a base de huevos.

Aquel día me advirtieron que se realizaría un gran concierto musical. No llevábamos instrumentos entre nuestras escasas pertenencias, pero hacía tiempo que había dejado de preguntar cómo y dónde aparecerían las cosas.

Por la tarde, cuando atravesábamos un cañón, noté que iba creciendo la excitación. Era angosto, de unos tres metros y medio de ancho, y sus paredes se elevaban a más de cinco metros de altura. Nos detuvimos allí para pasar la noche, y mientras se preparaba la comida de vegetales e insectos, los músicos dispusieron el escenario. Allí crecían unas plantas redondas con forma de tonel. Alguien les cortó la parte superior y sacó los meollos húmedos y de color calabaza, que chupamos todos. Las grandes semillas de la pulpa se guardaron aparte. Echaron unas cuantas pieles curtidas por encima de las plantas y las ataron fuertemente, convirtiéndolas así en unos increíbles instrumentos de percusión.

Cerca yacía un tronco de árbol muerto; algunas de cuyas ramas estaban cubiertas de termitas. Arrancaron una de ellas y mataron a los insectos. Las termitas se habían comido la parte central de la rama, que estaba llena de serrín. Con ayuda de un palo y soplando la parte muerta y desmenuzada, pronto consiguieron un largo tubo hueco. A mí me pareció que estaba presenciando la construcción de la trompeta del ángel Gabriel. Más tarde descubrí que aquél era el objeto al que los australianos se refieren comúnmente como *didjeridu*. Soplando por el tubo se produce un profundo sonido musical.

Uno de los músicos empezó a entrechocar unos palos y otro usó dos rocas para marcar el ritmo. Habían cogido unos trozos de esquisto y los habían colgado de unos hilos, creando el sonido tintineante de un carillón. Un hombre hizo un toro zumbador, que es una pieza de madera plana atada a una cuerda; cuando se le da vueltas produce una especie de zumbido, cuyo volumen aumentan o disminuyen con gran pericia. La disposición del cañón en que nos encontrábamos creaba una vibración y un eco fantásticos. La palabra concierto no podía haberse aplicado con mayor precisión.

Los miembros de la tribu cantan individualmente o en grupos, y a menudo en armonía. Me di cuenta de que algunas de sus canciones eran verdaderamente ancestrales. Repetían cánticos que se habían compuesto en el desierto antes de que nosotros inventáramos el calendario. Pero también tuve ocasión de escuchar nuevas melodías, música que componían precisamente porque yo estaba allí. Me dijeron: «Del mismo modo que el músico busca la expresión musical, la música del universo busca ser expresada».

Los conocimientos se transmiten de generación en generación mediante canciones y danzas, porque carecen de lenguaje escrito. Los acontecimientos históricos se dibujan en la arena o se representan mediante música y drama. Hacen música todos los días porque es necesario mantener fresca la memoria de los hechos y les lleva un año más o menos contar su historia completa. Si además pintaran cada acontecimiento y todos los cuadros se colocaran en el suelo en el orden correspondiente, tendríamos un mapa del mundo tal como ha sido durante los últimos milenios.

Sin embargo, lo que yo presencié en realidad fue el modo en que estas personas viven la vida al máximo, sin materialismo ninguno. Tras el festival, los instrumentos volvieron al lugar donde los habían encontrado. Se plantaron las semillas para garantizar nuevos brotes y se pintaron señales en la pared de roca para indicar la cosecha a los viajeros que pudieran pasar por el lugar. Los músicos abandonaron palos, ramas y rocas, pero la alegría de la composición creativa y el talento persistió como confirmación de la valía y el amor propio de cada uno. Un músico lleva la música en su interior. No necesita un instrumento específico. Él es la música.

Aquel día tuve la impresión de que había aprendido también que somos los creadores de nuestra propia vida; podemos enriquecerla, entregarnos a nosotros mismos y ser tan creativos y felices como queramos serlo. El compositor y los demás músicos reanudaron el camino con la cabeza bien alta. «Un gran concierto», comentó un músico. «Uno de los mejores», fue la respuesta. Oí que el músico principal decía: «Creo que muy pronto me cambiaré el nombre de Compositor por el de Gran Compositor».

Sus palabras no eran producto del engreimiento. Sólo se trataba de personas que reconocían sus talentos y la importancia de compartir y desarrollar las numerosas maravillas que nos son dadas. Existe una importante relación entre el reconocimiento de la propia valía y la celebración de otorgarse personalmente un nuevo nombre.

Ellos afirman que han estado aquí desde siempre. Los científicos saben que han habitado Australia desde hace cincuenta mil años, como mínimo. Es realmente asombroso que después de cincuenta mil años no hayan destruido bosques ni contaminado aguas, que no hayan puesto en peligro ninguna especie ni creado polución, y que al mismo tiempo hayan recibido comida abundante y cobijo. Han reído mucho y llorado muy poco. Tienen una vida larga, productiva y saludable, y cuando la abandonan lo hacen confortados espiritualmente.

18

Evocadora de los sueños

La excitación flotaba una mañana en el aire cuando el pequeño grupo formó el círculo habitual de cara al este. Un indicio de color indicaba apenas la llegada del alba. Mujer Espíritu se situó en el centro y reemplazó al Anciano de la Tribu, que había concluido su parte de la adoración matutina.

Mujer Espíritu y yo teníamos físicamente muchas cosas en común. Ella era la única mujer aborigen de toda la tribu que pesaba más de cincuenta y cinco kilos. Yo estaba convencida de que perdía peso caminando con aquel intenso calor y haciendo una sola comida por día. Había acumulado el suficiente tejido adiposo en todo mi cuerpo como para alegrarme ante la idea de la grasa disolviéndose y cayendo en gotas sobre mis huellas en la arena.

En el centro de nuestro semicírculo, Mujer Espíritu alzó las manos por encima de la cabeza para ofrecer su talento al invisible público celeste. Se brindaba como medio de expresión por si aquel día la Divina Unidad deseaba actuar a través de ella. Además, deseaba compartir su talento conmigo, la Mutante adoptada en aquel *walkabout*. Al concluir la petición dio las gracias con tono alto y enfático. El resto del grupo se unió a ella, gritando su gratitud por los dones del día aún no manifestados. Según me dijeron, normalmente todo esto se hacía en silencio, gracias a su perfecta comunicación mental, pero lo habían realizado respetando mis limitaciones porque yo era novata todavía en recibir la telepatía mental, y además era su huésped.

Ese día caminamos hasta bien entrada la tarde. A lo largo

de nuestra ruta habíamos encontrado muy poca vegetación. No obstante, para mí era un alivio que no hubiera espinas de *spinifex* mortificándome las plantas de los pies.

El silencio se rompió al atardecer cuando alguien avistó un bosquecillo de árboles enanos. Eran unas plantas de extraño aspecto, con un tronco de árbol que se extendía por la parte superior como un arbusto gigante. Eso era lo que Mujer Espíritu había pedido y esperaba.

La noche anterior, sentados alrededor de la hoguera, ella y tres más habían cogido sendas pieles curtidas y las habían cosido para darles forma redondeada. Al día siguiente cargaban con ellas. Yo no pregunté el motivo. Sabía que me lo dirían en su momento.

Mujer Espíritu me cogió de la mano, me llevó hasta los árboles y señaló algo. Yo miré y no vi nada. Su excitación me indujo a mirar de nuevo. Entonces descubrí una gran telaraña. Su dibujo era grueso, complejo y reluciente, con cientos de hilos entretejidos. Al parecer había otras iguales en varios árboles. Ella dijo algo a Outa, quien me conminó a elegir una. Yo no sabía qué debía buscar, pero había aprendido que los aborígenes elegían por intuición. Señalé una.

Mujer Espíritu sacó entonces un aceite aromático de la bolsa que llevaba atada a la cintura y untó toda la superficie redonda de la piel curtida en forma de pandero. Quitó todas las hojas que quedaban lejos del objeto de su interés y luego, colocando la superficie untada de aceite cerca de la telaraña, con un rápido movimiento hacia delante, la sacó entera y expertamente enmarcada sobre la piel. Yo me quedé mirando mientras los demás se acercaban, elegían una telaraña y cada una de las mujeres repetía la misma operación con una de las pieles redondeadas.

Mientras nos entreteníamos con este juego, los demás miembros de la tribu se habían ocupado de encender fuego y encontrar comida para la cena. Ésta consistió en varias de las enormes arañas de los árboles enanos, unas raíces y un nuevo tubérculo que yo había comido hasta entonces y que se parecía al nabo.

Después de la cena, nos reunimos en torno al fuego como cada noche. Mujer Espíritu me explicó su talento. Cada ser humano es único, y a cada uno de nosotros se nos otorgan ciertas características que son excepcionalmente fuertes y que pueden llegar a convertirse en un talento. Su contribución a la sociedad era la de evocadora de sueños. Todos soñamos, me dijo. A nadie le preocupa recordar sus sueños ni aprender de ellos, pero todos soñamos. «Los sueños son la sombra de la realidad», explicó. Todo lo que existe, lo que ocurre aquí, se encuentra también en el mundo de los sueños. Todas las respuestas están allí. Las telarañas especiales se utilizan en una ceremonia de cánticos y danzas que sirven para solicitar la guía del universo a través de los sueños. Luego Mujer Espíritu ayuda al soñador a comprender el mensaje.

Tal como yo lo entendí, para ellos «soñar» significa «niveles de conciencia». Hay un soñar ancestral cuando se remonta a la creación del mundo, un soñar extracorpóreo como la meditación profunda, un soñar mientras se duerme...

La tribu utiliza a los evocadores de los sueños para pedirles consejo en cualquier situación. Creen que pueden hallar la respuesta en un sueño si necesitan ayuda para comprender una relación, una cuestión de salud o el propósito de una experiencia determinada. Los Mutantes sólo conocen un modo de soñar mientras duermen, pero los Auténticos tienen conciencia de los sueños estando despiertos. Sin usar drogas para controlar la mente, utilizando tan sólo técnicas de respiración y concentración, son capaces de actuar conscientemente en el mundo de los sueños.

Recibí instrucciones de bailar con la evocadora de los sueños. Girar sobre uno mismo da un gran resultado. Plantas con firmeza la pregunta en tu mente y la formulas una y otra vez mientras das vueltas. El giro más efectivo, según la explicación de los aborígenes, es un ejercicio que aumenta los vórtices de energía en siete puntos clave del cuerpo y que consiste en girar siempre hacia la derecha, con los brazos extendidos a los lados.

Me mareé pronto, así que me senté y me puse a reflexionar sobre el cambio operado en mi vida. Allí en el desierto, donde no había siquiera una persona por kilómetro cuadrado en un área tres veces mayor que Texas, estaba representando el papel de derviche, levantando arena con los pies y haciendo que el aire que llegaba a mi evocadora de los sueños se ondulara infinitamente más allá de la vasta extensión abierta.

La gente de la tribu no sueña de noche a menos que lo desee. Consideran que las horas en que se duerme son importantes para el descanso y la recuperación del cuerpo. No es el momento indicado para dividir la energía en diversos proyectos. Ellos creen que la razón por la que los Mutantes sueñan de noche es que en nuestra sociedad no se nos permite soñar de día ni se acepta en modo alguno que alguien sueñe con los ojos abiertos.

Finalmente llegó la hora de dormir. Alisé la arena y utilicé mi propio brazo como almohada. Me tendieron un pequeño recipiente con agua para que me bebiera la mitad en ese momento y el resto al despertar. Eso me ayudaría a recordar el sueño con detalle. Hice la pregunta que me resultaba más acuciante: «¿Qué voy a hacer con la información que estoy recibiendo cuando termine este viaje?».

A la mañana siguiente, Mujer Espíritu me pidió a través de Outa que recordara mi sueño. Pensé que le sería imposible interpretar su significado porque no contenía nada que pareciera relacionado con Australia, pero aun así se lo conté. Me preguntó qué sentía, qué emociones suscitaban los objetos y cosas que habían aparecido en mi sueño. Fue asombroso el modo en que lo interpretó, siendo totalmente ajeno a ella el estilo de vida civilizado con el que yo había soñado.

Llegué así a comprender que habría ciertas tormentas en mi vida, que dejaría de lado personas y cosas en las que había invertido mucho tiempo y energía, pero entonces sabría lo que era sentirse un ser equilibrado y tranquilo y podría evocar esa emoción en cualquier momento en que la necesitara o deseara. Aprendí que podía vivir más de una vida y que había tenido ya la experiencia de una puerta que se cerraba. Aprendí que había llegado un momento en que ya no podía seguir con las mismas personas, lugares, valores y creencias que antes tenía. Para que mi alma madurara, había cerrado suavemente una puerta y entrado en un lugar nuevo, en una vida nueva que equivalía a un escalón espiritual más alto. Y lo que era más importante, no tenía que hacer nada con la información. Si sencillamente me limitaba a llevar a la práctica los principios que yo consideraba verdaderos, llegaría a influir en las vidas de quienes estuviera destinada a influir. Las puertas se abrirían. Después de todo, no era mi mensaje; yo sólo era la mensajera.

Me pregunté si alguno de los que habían bailado con la evocadora de los sueños compartiría los suyos. Antes de que pudiera formular la pregunta, Outa me leyó el pensamiento y dijo: «Sí, Hacedor de Herramientas desea hablar». Hacedor de Herramientas era un hombre anciano que estaba especializado no sólo en herramientas sino también en pinceles, en utensilios de cocina, en casi todo. Él había pedido consejo sobre dolores musculares. Su sueño trataba de una tortuga que, al salir reptando del *billabong*, había descubierto que había perdido las patas de un lado de su cuerpo y que estaba coja. Después de que Mujer Espíritu hablara con él sobre el sueño, como había hecho antes conmigo, Hacedor de Herramientas llegó a la conclusión de que había llegado el momento de enseñar su oficio a otro. Tiempo atrás le había encantado la responsabilidad de ser un maestro artesano, pero cada vez era menor el disfrute y mayor la presión que se infligía a sí mismo, así que se le había indicado la necesidad de un cambio. Perdido el equilibrio entre trabajo y diversión, se había convertido en un ser descentrado.

En los días que siguieron le vi enseñar a otros. Cuando le pregunté por sus dolores y achaques, se ahondaron las arrugas de su rostro al sonreírme y me dijo: «Cuando el pensamiento se hizo flexible, las articulaciones se volvieron flexibles. No más dolor».

19

Sorpresa durante la cena

Amigo de los Grandes Animales habló durante nuestra plegaria ritual de la mañana. Sus hermanos deseaban ser honrados. Todos se mostraron de acuerdo; no sabían nada de ellos desde hacía tiempo.

En Australia no hay muchos animales grandes. No es como África, con sus elefantes, leones, jirafas y cebras. Yo sentí curiosidad por ver qué nos deparaba el universo.

Ese día caminamos a paso vivo. El calor parecía menos intenso, y hasta es posible que estuviéramos a unos cuantos grados por debajo de los cuarenta. Mujer que Cura me untó la cara con una mezcla de aceite de lagartos y plantas, poniendo especial cuidado en la parte superior de las orejas. No había contado las capas de piel caídas, pero sabía que habían sido varias. En realidad me preocupaba que acabara quedándome sin orejas, porque las quemaduras de sol no parecían tener fin. Mujer Espíritu acudió en mi ayuda. La tribu convocó una reunión para resolver el problema y, a pesar de que mi situación era extraña para ellos, rápidamente encontraron la solución. Se construyó un artefacto que se parecía a las antiguas orejeras para el invierno. Mujer Espíritu tomó un ligamento de animal, lo ató formando un círculo, y Maestra en Costura le cosió plumas en derredor. El artefacto en cuestión, que me colgaron sobre las orejas, unido al ungüento, me produjo un maravilloso alivio.

El día resultó divertido. Jugamos a las adivinanzas mientras viajábamos. Se turnaban para imitar animales y reptiles o para representar acontecimientos pasados, y nosotros intentábamos adivinar qué era. Hubo risas durante todo el día. Las huellas de mis compañeros de viaje ya no parecían marcas de viruela en la arena; empezaba a distinguir las leves variaciones características del porte peculiar de cada uno.

Cuando empezó a oscurecer, observé la llanura distante en busca de vegetación. El color de la tierra frente a nosotros variaba del beige a distintos tonos de verde. Vi también unos árboles cuando nos acercamos a un nuevo terreno. Para entonces no debía sorprenderme ya que las cosas surgieran de la nada para los Auténticos, pero su genuino entusiasmo al recibir cada uno de esos dones se había convertido en una parte de mi profundo yo.

Allí estaban los grandes animales que deseaban cumplir el propósito de su existencia: cuatro camellos salvajes. Tenían una única y alta joroba y no estaban en absoluto acicalados como los que yo había visto en el circo y en el zoológico. Los camellos no son animales autóctonos de Australia. Habían llegado como medio de transporte y al parecer algunos habían sobrevivido, aunque no así el grupo que los montaba.

La tribu se detuvo. Partieron seis exploradores por separado. Tres se acercaron desde el este y los otros tres desde el oeste. Avanzaron sigilosamente y encorvados. Cada uno de ellos llevaba un bumerán, una dardo y un lanzadardos. Éste consiste en un artefacto de madera que se utiliza para propulsar el dardo. La distancia que alcanza el dardo y la precisión se triplican cuando se suma el movimiento completo del brazo al golpe de muñeca. La manada de camellos se componía de un macho, dos hembras adultas y una cría.

Los penetrantes ojos de los cazadores vigilaban la manada. Más tarde me explicaron que habían decidido cazar la hembra más vieja. Los de la tribu usan los mismos métodos que su animal hermano, el dingo, para detectar las señales del animal más débil. Su deseo de cumplir ese día el propósito de su existencia y dejar a los fuertes para que perpetúen la especie parece llamar a los cazadores. Sin intercambiar palabras ni señas con las manos que yo pudiera observar, se produjo el

rápido ataque con una total coordinación. Un dardo certero
dio en la frente de la camella y otro se clavó simultáneamente
en su pecho, causándole la muerte instantánea. Los tres camellos restantes se alejaron al galope y el sonido de sus pezuñas
se desvaneció en la distancia.

Preparamos un profundo agujero y cubrimos el fondo y
los lados con varias capas de hierba seca. Cuchillo en mano,
Amigo de los Grandes Animales rajó el vientre de la camella
como si accionara una cremallera. Brotó una bolsa de aire caliente, y con ella el fuerte y cálido olor a sangre. Se sacaron los
órganos uno a uno, dejando aparte el corazón y el hígado. Estos dos órganos eran muy apreciados por la tribu debido a las
propiedades de fuerza y resistencia que contienen. Como
científica, yo sabía que eran una increíble fuente de hierro
para una dieta que era irregular e impredecible en nutrientes.
La sangre se vertió en un recipiente especial que llevaba al
cuello la joven aprendiza de Mujer que Cura. Las pezuñas se
guardaron; me dijeron que tenían múltiples usos. Yo no imaginé cuáles podrían ser.

Mutante, esta camella llegó a ser adulta por ti –gritó uno
de los carniceros, y levantó en alto la enorme bolsa acuosa de
la vejiga.

Mi adicción al agua era bien conocida por ellos, que espera-
ban encontrar una vegija apropiada para hacer con ella un pellejo que yo habría de transportar. La habían encontrado.

Era evidente que aquel terreno era uno de los lugares favoritos de los animales para apacentar, como sugerían los
montones de excrementos. Irónicamente, entonces yo había
acabado por apreciar como un tesoro lo que unos meses antes
era demasiado repugnante incluso para hablar de ello. Aquel
día recogí excrementos, agradecida por aquella maravillosa
fuente de combustible.

Nuestro alegre día terminó con más risas y bromas mientras debatían si llevaría la vejiga de camella atada alrededor de
la cintura, colgada del cuello o a modo de mochila. Al día siguiente partimos con la piel de la camella extendida sobre las

cabezas de varios miembros del grupo. Además de proporcionar sombra, servía para que la piel se secara y curtiera durante el camino. Le habían quitado toda la carne y tratado con tanino, que sacaban de la corteza de una planta. La camella nos proveyó de más carne de la que necesitábamos para la comida, así que el resto se cortó en tiras. Una parte no se había asado bien en la fogata y se llevaba ensartada en un palo.

Varios de nosotros transportamos esas banderas por el desierto; carne de camello ondeando al viento, secándose y preservándose de manera natural.

¡Extraño desfile, en verdad!

20

Dulce de hormigas

El sol brillaba con una fuerza tan abrasadora que no podía abrir los ojos por completo. El sudor, producido por todas y cada una de las células de mi piel, corría en riachuelos por los pliegues de mi cuerpo hasta mojarme los muslos cuando se rozaban al andar. Hasta los empeines de los pies me sudaban. Jamás había visto cosa igual; eso quería decir que habían perdido la comodidad de los cuarenta grados y que estábamos sufriendo temperaturas altísimas. También las plantas de mis pies soportaban una extraña transformación. Tenía ampollas desde los dedos hasta el talón, de lado a lado, pero las ampollas se habían formado bajo la superficie de ampollas anteriores; los tenía como muertos.

Mientras caminábamos, una mujer desapareció en el desierto y volvió poco después con una enorme hoja de un intenso verde, que tenía medio metro de ancho aproximadamente. Yo no vi planta alguna por los alrededores de la que pudiera proceder aquella hoja, nueva y sana. Todo lo que nos rodeaba era pardo, seco y quebradizo. Nadie preguntó de dónde la había sacado. La mujer se llamaba Portadora de Felicidad; su talento en la vida consistía en organizar juegos. Esa noche iba a encargarse de las actividades participativas y dijo que jugaríamos al juego de la creación.

Tropezamos con un hormiguero de grandes hormigas, probablemente de dos centímetros y medio de longitud, con un extraño centro dilatado. «¡Te va a encantar su sabor!», me dijeron. Las criaturas iban a ser honradas como parte de nuestra comida. Son una variedad de la hormiga de miel cuyos vientres dilatados contienen una sustancia dulce de un sabor parecido al de la miel. No llegan nunca a ser tan grandes como las que habitan en terrenos más próximos a una profusa vegetación, ni tienen un sabor tan dulce. Tampoco su miel es una sustancia pegajosa y densa, ni de un intenso color amarillo como la de las abejas. Más bien parece que hayan extraído la sustancia del calor incoloro y del viento de los contornos. Probablemente aquellas hormigas eran lo más parecido a una golosina que la tribu haya llegado a conocer. Extienden los brazos para que las hormigas trepen por ellos, y luego se meten las manos en la boca para comérselas. Por su expresión, parecía que las hormigas tenían un sabor delicioso. Yo sabía que tarde o temprano iban a pensar que había llegado el momento de que las probara, así que decidí tomar la iniciativa. Cogí sólo una y me la metí en la boca. El truco consistía en triturar el insecto con los dientes y disfrutar del dulzor, sin tragárselo de golpe. Yo no conseguí hacer ninguna de las dos cosas. No pude tragarme aquellas patas que se retorcían alrededor de mi lengua, y además la hormiga se me subía por las encías. Más tarde, cuando ya habíamos encendido el fuego, mis compañeros enterraron las hormigas en las brasas cubiertas por hojas. Cuando estuvieron cocinadas, chupé la superficie de las hojas como si fuera una chocolatina derretida en el envoltorio. Para cualquiera que no hubiese comido nunca miel de azahar, probablemente serían un festín. Sin embargo, en la ciudad no tendrían demasiado éxito.

Esa noche, Mujer de los Juegos partió la hoja en pedazos. No los contó en el sentido convencional que nosotros le damos a la palabra, pero utilizó su propio método para que todos recibiéramos nuestro trozo. Mientras ella trajinaba con la hoja, nosotros hacíamos música y cantábamos. Después empezó el juego.

La primera pieza se depositó sobre la arena, mientras proseguían los cánticos. A ésta le siguieron otras hasta que paró la música. Observamos entonces el dibujo formado como un rompecabezas. A medida que se colocaban más piezas sobre la arena, comprendí que las reglas permitían mover cualquier pieza si uno creía que la suya encajaba mejor en otro sitio. No había turnos específicos. En realidad se trataba de un juego colectivo sin afán competitivo. Pronto se completó la parte superior de la hoja, que recuperó su forma original. En ese momento nos felicitamos todos mutuamente, nos estrechamos las manos, nos abrazamos y nos pusimos a dar vueltas. Todos habían participado en el juego, que aún estaba a medias. Nos concentramos de nuevo en completar la tarea. Yo me acerqué al rompecabezas y coloqué mi pieza. Después me acerqué de nuevo, pero no distinguí cuál era la mía, así que volví y me senté. Outa me leyó el pensamiento y dijo: «No pasa nada. Sólo parece que los trozos de hoja están separados, igual que las personas parecen separadas, pero todos somos uno. Por eso es el juego de la creación.»

Outa tradujo también las palabras de los demás: «Ser uno no significa que todos seamos el mismo. Cada ser es único. No hay dos que ocupen el mismo lugar. De igual manera que la hoja necesita de todos los trozos para completarse, cada espíritu tiene su lugar especial. Las personas intentan a veces cambiar de lugar, pero al final cada cual regresa al que le corresponde. Algunos de nosotros buscamos un camino recto, mientras que a otros les gusta la monotonía de trazar círculos».

Noté entonces que todos ellos me estaban mirando, y por mi mente cruzó la idea de levantarme y acercarme al dibujo. Cuando lo hice, sólo quedaba un espacio vacío y el trozo de hoja correspondiente se hallaba a unos centímetros, en el suelo. Al colocar la última pieza del rompecabezas, un grito de júbilo quebró el silencio y resonó en la inmensidad del espacio abierto que rodeaba a nuestro pequeño grupo.

A lo lejos, unos dingos alzaron los hocicos puntiagudos y aullaron al cielo de negro terciopelo salpicado por los destellos de los diamantes celestes.

«Tú lo has acabado y eso confirma tu derecho a este viaje –continuó Outa–. Nosotros recorremos un camino recto en la Unidad. Los Mutantes tienen muchas creencias; ellos dicen que vuestras costumbres no son las mías, que vuestro Salvador no es mi salvador, que vuestra eternidad no es la mía. Pero la verdad es que toda la vida es una. Sólo hay un juego. Sólo hay una raza y muchos tonos diferentes. Los Mutantes discuten sobre el nombre de Dios, sobre qué edificio, qué día, qué ritual. ¿Vino Él a la Tierra? ¿Qué significan sus historias? La verdad es la verdad. Si hieres a alguien, te hieres a ti mismo. Si ayudas a alguien, te ayudas a ti mismo. La sangre y los huesos los encuentras en todos los hombres. En lo que difieren es en el corazón y la intención. Los Mutantes piensan sólo en los cien años inmediatos, en sí mismos, separados unos de otros. Los Auténticos pensamos en la eternidad. Todo es uno, nuestros antepasados, nuestros nietos no nacidos, la vida toda en todas partes.»

Cuando concluyó el juego, uno de los hombres me preguntó si era cierto que algunas personas no llegaban a saber en toda su vida cuál era el talento que les había otorgado Dios. Tuve que admitir que algunos de mis pacientes estaban muy deprimidos y les parecía que la vida había pasado de largo por su puerta, pero que otros habían hecho su contribución. Sí, tuve que admitirlo: muchos Mutantes no creían que tuvieran talento alguno, y no pensaban en el propósito de la vida hasta que estaban moribundos. Grandes lágrimas afluyeron a los ojos del hombre, que meneó la cabeza para demostrar lo difícil que le resultaba creer que ocurriera semejante cosa.

«¿Por qué los Mutantes no comprenden que si mi canción hace feliz a una persona es un buen trabajo? Ayudas a una persona, buen trabajo. Además, sólo se puede ayudar a una cada vez.»

Les pregunté si habían oído el nombre de Jesús. «Desde luego –me dijeron–. Los misioneros nos enseñaron que Jesús es el Hijo de Dios. Nuestro hermano mayor. La Divina Unidad en forma humana. Es objeto de la mayor de las veneraciones. La Unidad vino a la Tierra hace muchos años para decirles a los Mutantes cómo debían vivir, lo que ellos habían olvidado. Jesús no vino a la tribu de los Auténticos. Hubiera podido hacerlo, naturalmente, nosotros estábamos aquí, pero no era nuestro mensaje. No se destinaba a nosotros porque nosotros no hemos olvidado. Nosotros ya vivíamos Su Verdad. Para nosotros –prosiguieron–, la Unidad no es una cosa. Los Mutantes parecen adictos a la forma. No aceptan nada invisible y sin forma. Para nosotros, Dios, Jesús, la Unidad no es una esencia que rodea a las cosas o que está presente en su interior; ¡es todo!»

Según esta tribu, la vida y la vivencia se mueven, avanzan y cambian. Me hablaron del tiempo en que se vive y del tiempo en que no se vive. La gente no vive cuando se halla furiosa o deprimida, cuando se compadece de sí misma o está llena de temor. Respirar no es un factor determinante de la vida. Simplemente sirve para indicar a los demás qué cuerpo se encuentra listo para el funeral y cuál no. No todas las personas que respiran están vivas. Es muy bueno poner a prueba las emociones negativas y comprobar qué se siente, pero desde luego no es prudente ahondar en ellas. Cuando el alma se halla en forma humana, la persona juega a ver qué se siente siendo feliz o desgraciado, celoso o agradecido, o cualquier otro sentimiento. Pero se supone que ha de aprender de esa experiencia y, en último término, descubrir qué le produce placer y qué le produce dolor.

A continuación charlamos sobre juegos y deportes. Les conté que en Estados Unidos nos interesan mucho los acontecimientos deportivos, y que de hecho les pagamos mucho más a los jugadores de baloncesto que a los maestros. Me ofrecí a mostrarles uno de nuestros juegos y sugerí que nos colocáramos todos en línea y que corriéramos lo más deprisa posible. El más rápido sería el ganador. Ellos me miraron atentamente con sus hermosos y grandes ojos, y luego se miraron entre sí. Por fin alguien dijo: «Pero si una persona gana, todos los demás tendrán que perder. ¿Eso es divertido? Los juegos son para divertirse. ¿Para qué someter a una persona a semejante experiencia y tratar de convencerla luego de que en realidad ha ganado? Esa costumbre es difícil de entender. ¿Funciona con tu gente?». Yo me limité a sonreír y a negar con la cabeza.

Había un árbol muerto cerca de allí. Con ayuda de los demás construimos un balancín, colocando una de las largas ramas sobre una roca alta. Fue muy divertido; incluso los miembros más ancianos del grupo lo probaron. Me señalaron que hay ciertas cosas que uno no puede hacer solo, entre ellas usar ese juguete. Personas de setenta, ochenta y noventa años de edad liberaron al niño que llevaban dentro y se divirtieron con juegos en los que no había ganadores ni perdedores, sino diversión para todos.

También les enseñé a saltar a la comba, para lo que utilicé varias tiras largas de tripas de animal atadas unas con otras. Intentamos dibujar un cuadro en la arena para jugar a la rayuela, pero estaba demasiado oscuro y el cuerpo nos pedía descanso. Lo aplazamos para otro día.

Esa noche me tumbé de espaldas y contemplé un cielo increíblemente brillante. Ni siquiera una exposición de diamantes en el escaparate de negro terciopelo de una joyería hubiera resultado más impresionante. Ante aquel cielo, mi atención se sentía atraída como por un imán. Parecía que abría mi mente, porque comprendía que mis compañeros de viaje no envejecían como nosotros. Cierto es que sus cuerpos también acaban por desgastarse, pero es un proceso similar al de una vela que se extingue lenta y uniformemente. A ellos no se les estropea un órgano a los veinte y otro a los cuarenta. Lo que en Estados Unidos llamamos estrés allí parecía una excusa para no hacer nada.

Por fin mi cuerpo empezaba a enfriarse. Aquel aprendizaje llevaba consigo muchos litros de sudor, pero era sin duda un método de instrucción muy eficaz. ¿Cómo iba a compartir con mi sociedad lo que estaba aprendiendo allí? Tenía que prepararme para el hecho de que nadie querría creerme. A la gente le resultaría difícil dar crédito a ese estilo de vida. Pero por alguna razón, yo sabía que la importancia de cuidar la salud física iba unida a la auténtica curación de los seres humanos, la curación de su existencia eterna herida, sangrante y enferma.

Miré fijamente al cielo, y me pregunté: «¿Cómo?».

21

La guía

Llegó un calor instantáneo al aparecer el sol. Aquella mañana
el rito matutino fue especial. Yo me hallaba en el centro de
nuestro semicírculo de cara al este. Outa me indicó que reconociera a la Divina Unidad a mi modo y que lanzara mi plegaria para que el día fuera propicio. Al concluir la ceremonia,
mientras nos preparábamos para partir, me dijeron que me
había llegado el turno de guiar a la tribu. Yo habría de caminar al frente y conducirla. «Pero no puedo –protesté–. No sé
adónde vamos ni cómo encontrar nada. Agradezco la oferta,
de verdad, pero no puedo.»

«Debes hacerlo –me insistieron–. Ha llegado el momento.
Para que conozcas tu casa, la tierra, todos sus niveles de vida
y tu relación con todo lo visible y lo invisible, tienes que
guiar. Está bien caminar a remolque de un grupo, y es aceptable pasar cierto tiempo mezclado en el medio, pero al final
todo el mundo ha de guiar durante una etapa. No podrás
comprender el papel del liderazgo a menos que asumas esa
responsabilidad. Todos debemos experimentar los diferentes
papeles alguna vez, sin excepción, tarde o temprano, si no es
en esta vida, en alguna otra. El único modo de superar una
prueba es realizarla. Las pruebas a todos los niveles se repiten
siempre de un modo u otro hasta que las superas.

Así pues echamos a andar, conmigo como guía. Era un
día muy caluroso. La temperatura parecía superar los cuarenta grados. Al mediodía nos detuvimos y utilizamos las
pieles de dormir para protegernos del sol. Cuando el calor
empezó a aflojar, proseguimos nuestra marcha hasta bien pa-

sada la hora en que solíamos acampar. No aparecieron plantas ni animales en nuestro camino para ser honrados como alimento. No hallamos agua. El espacio era un vacío ardiente e inmóvil. Finalmente me rendí y detuve la marcha para acampar.

Aquella noche pedí ayuda. No teníamos comida ni agua. Pedí ayuda a Outa, pero no me hizo caso. La pedí a otros, sabiendo que no entendían mi idioma, aunque sí podían entender lo que les decía mi corazón. «¡Ayudadme, ayudadnos!» Lo repetí una y otra vez, pero nadie me respondió.

Por el contrario, se pusieron a hablar sobre el hecho de que todo el mundo en un momento determinado camina en la retaguardia. Empecé a preguntarme si tal vez los mendigos y gentes sin hogar de Estados Unidos no seguirían siendo víctimas por voluntad propia. La mayoría de norteamericanos tiende a confundirse en la posición central. Ni demasiado ricos ni demasiado pobres. Ni mortalmente enfermos ni enteramente sanos. Ni moralmente puros ni abiertamente delincuentes. Y más tarde o más temprano habremos de dar un paso al frente de verdad. Habremos de conducir a los demás si queremos ser responsables de nosotros mismos.

Me dormí lamiéndome los agrietados labios con una lengua entumecida, seca y abrasada. No sabía si estaba mareada por el hambre, la sed, el calor o el agotamiento.

Al día siguiente caminamos de nuevo bajo mi guía. El calor volvió a ser sofocante. La garganta se me cerraba; me resultaba imposible tragar. Tenía la lengua tan seca y tan hinchada que parecía tres veces más grande de su tamaño normal, como si fuera una esponja seca entre los dientes. Me resultaba difícil respirar. Al intentar que el aire caliente me bajara por el pecho, empecé a comprender por qué los aborígenes bendecían el don de una nariz semejante a la del koala. Su amplia nariz y largos conductos nasales eran más adecuados para las temperaturas abrasadoras del aire que mi naricita europea.

El horizonte yermo se volvía cada vez más hostil. Parecía desafiar a la humanidad, como si no perteneciera a los humanos. Era una tierra que había ganado todas las batallas contra el progreso y ahora parecía considerar la vida como una intrusa. No había carreteras, ni aviones sobre nuestras cabezas, ni siquiera se veían huellas de animales.

Yo sabía que si la tribu no me ayudaba pronto, moriríamos todos sin remedio. Nuestra marcha era lenta; cada paso que dábamos resultaba doloroso. Vi a lo lejos una nube oscura de tormenta. Nos torturaba permaneciendo siempre a una distancia que no nos permitía alcanzarla ni recibir su generoso regalo. Ni siquiera conseguimos acercarnos lo suficiente para compartir el beneficio de su sombra. Sólo podíamos verla a lo lejos y saber que aquella agua vivificadora corría frente a nosotros como una zanahoria balanceándose frente a un borrico.

En un momento dado lancé un grito, tal vez para demostrarme a mí misma que podía hacerlo, tal vez por simple desesperación. Pero no sirvió de nada. El mundo se limitó a tragarse el grito como un monstruo voraz.

Ante mis ojos veía espejismos de estanques de agua fresca, pero cuando llegaba al lugar, sólo encontraba arena.

Pasó un segundo día sin comida, agua ni ayuda. Aquella noche estaba demasiado exhausta, enferma y desanimada para utilizar siquiera la piel de dingo como almohada; creo que en lugar de dormirme me desmayé.

A la tercera mañana abordé a cada miembro de la tribu y les rogué de rodillas, con toda la fuerza que me permitía mi cuerpo agotado: «Ayúdame, por favor. Por favor, sálvanos». Me había despertado con la boca tan seca que me resultaba muy difícil hablar.

Ellos me escucharon, mirándome fijamente, pero se limitaron a sonreír. Tuve la impresión de que pensaban: «Nosotros también tenemos hambre y sed, pero ésta es tu experiencia, así que te apoyamos totalmente en lo que tienes que aprender». Nadie me ofreció ayuda.

Caminamos y caminamos sin parar. El aire estaba quieto, el mundo era totalmente inhóspito. Parecía retar mi intrusión. No había ayuda ni escape posible. Tenía el cuerpo entumecido e insensible por el calor. Me estaba muriendo. Eran los síntomas de una deshidratación mortal. Sí, me estaba muriendo.

Mis pensamientos saltaban de un tema a otro. Recordé mi juventud. Mi padre trabajó duramente toda su vida en los Ferrocarriles de Santa Fe. Era muy apuesto. Siempre encontraba tiempo para dar amor, apoyo y aliento. Mi madre siempre estaba en casa para cuidarnos. Recordé que daba comida a los vagabundos quienes, por arte de magia, sabían en qué casa no los rechazarían nunca. Mi hermana era una estudiante brillante, tan guapa y popular que me pasaba horas mirando cómo se arreglaba para una cita. Cuando creciera quería ser exactamente como ella. Evoqué la imagen de mi hermano pequeño abrazando al perro de la familia y quejándose de que las niñas del colegio le querían coger la mano. De niños, los tres hermanos éramos muy buenos amigos. Nos hubiéramos defendido unos a otros en cualquier circunstancia, pero con los años acabamos distanciándonos. Sabía que aquel día ni siquiera hubieran percibido mi desesperación. Había leído que cuando uno muere recuerda toda su vida en unos instantes. Las imágenes de mi vida no se desplegaron ante mí como en un vídeo, pero intenté aferrarme a los más extraños recuerdos. Me imaginaba a mí misma de pie en la cocina, secando platos y estudiando ortografía. La frase que más me costaba deletrear siempre fue «aire acondicionado». Me imaginaba enamorándome de un marino, nuestra boda en la iglesia, el milagro del nacimiento, primero mi hijo, y luego mi hija, que nació en casa. Recordé todos mis trabajos, estudios y títulos, y luego comprendí que me estaba muriendo en el desierto australiano. ¿Qué sentido tenía todo aquello? ¿Había cumplido ya todo lo que me destinaba la vida? «Dios mío –dije para mis adentros–. Ayúdame a comprender lo que está sucediendo.»

La respuesta me llegó al instante.

Yo había viajado más de quince mil kilómetros desde una ciudad norteamericana, pero mi mentalidad no se había movido un ápice. Procedía de un mundo en el que primaba el hemisferio cerebral izquierdo. Me habían educado en la lógica, el razonamiento, la lectura y escritura, las matemáticas, la ley de causa-efecto; pero ahora me hallaba en una realidad del hemisferio cerebral derecho entre personas que no usaban ninguno de los conceptos educativos y artículos que se consideraban de primera necesidad. Ellos eran maestros del hemisferio cerebral derecho y utilizaban creatividad, imaginación, intuición y conceptos espirituales. Ellos no creían necesario expresar oralmente sus mensajes; lo hacían mediante el pensamiento, la plegaria, la meditación o como se quiera llamar. Yo había suplicado y solicitado ayuda verbalmente. Cuán ignorante debía parecerles. Cualquier Auténtico hubiera pedido en silencio, en comunicación mental, de corazón a corazón, del individuo a la conciencia universal que une a todo lo vivo. Hasta aquel momento yo me había considerado diferente, separada de los Auténticos. Ellos no cesaban de decir que todos somos Uno, y ellos viven en la naturaleza como Uno, pero hasta entonces yo sólo había sido una observadora. Me había mantenido siempre al margen. Tenía que volverme Uno con ellos, con el universo, y comunicarme como los Auténticos. Y eso fue lo que hice. Di las gracias en silencio a la fuente de aquella revelación, y grité con la mente: «Ayudadme. Por favor, ayudadme». Utilicé las palabras que oía a la tribu decir cada mañana: «Si es por mi supremo bien y el supremo bien de la vida en todas partes, enseñadme».

Me vino a la mente una idea: «Métete la piedra en la boca». Miré a mi alrededor. No había piedras. Caminábamos sobre arena fina. La idea me llegó de nuevo: «Métete la piedra en la boca». Entonces recordé la piedra que había elegido el primer día y que guardaba aún en el escote. Hacía tres meses que estaba ahí. La había olvidado. La saqué y me la metí en la boca, le di unas vueltas y, milagrosamente, la boca empezó a humedecerse. Noté que recuperaba la capacidad de tragar. Aún había esperanzas. Tal vez no había llegado aún el día de mi muerte.

«Gracias, gracias, gracias», repetí en silencio. Me hubiera echado a llorar, pero mi cuerpo no tenía agua suficiente para las lágrimas. Así que continué pidiendo ayuda mentalmente: «Puedo aprender. Haré cuanto sea necesario, pero ayudadme a encontrar agua. No sé qué hacer, qué buscar, adónde ir».

La idea me llegó de nuevo: «Sé agua. Sé agua. Cuando aprendas a ser agua, encontrarás agua». No sabía qué significaban esas palabras. No tenía sentido. ¡Sé agua! Eso no era posible. Pero una vez más intenté olvidar mi educación en una sociedad dominada por el hemisferio cerebral izquierdo. Cerré mi mente a la lógica y a la razón. Me abrí a la intuición y, cerrando los ojos, empecé a ser agua. Utilicé todos mis sentidos mientras caminaba. Olía a agua, la saboreaba, la sentía, la oía, la veía. Era fría, azul, clara, fangosa, quieta, ondulada, helada, derretida, vapor, corriente, lluvia, nieve, húmeda, vivificante, salpicaba, se extendía ilimitada. Fui toda imagen posible del agua que me vino a la mente.

Caminábamos por una llanura uniforme hasta donde alcanzaba la vista. Tan sólo había una pequeña loma rojiza, una duna de arena de poco menos de dos metros de altura con un saliente de roca en la cima. Parecía fuera de lugar en aquel paisaje inhóspito. Subí por la pendiente con los ojos entrecerrados a causa de la luz cegadora del sol, como sumida en un trance, y me senté en la roca. Miré hacia abajo y allí, ante mí, se habían detenido todos mis amigos, que me habían ofrecido su apoyo y su afecto sin condiciones, sonriendo de oreja a oreja. Les devolví la sonrisa débilmente. Luego eché la mano izquierda hacia atrás para apoyarme y noté algo húmedo. Giré la cabeza como un resorte. Detrás de mí, en la continuación de la repisa de roca sobre la que me había sentado, había un estanque de unos tres metros de diámetro y medio metro de profundidad, lleno de una hermosa agua limpia y cristalina procedente de la lluvia que había descargado la escurridiza nube del día anterior.

Creo de todo corazón que el primer sorbo de agua tibia me acercó más a nuestro Creador que el sabor de cualquier comunión que hubiera recibido antes en una iglesia.

No puedo estar segura del tiempo puesto que carecía de reloj, pero yo diría que no transcurrieron más de treinta minutos entre el momento en que empecé a ser agua y el momento en que sumergimos la cabeza en el estanque y lanzamos gritos de júbilo.

Celebrábamos aún nuestro éxito cuando un gigantesco reptil se acercó lentamente. Era enorme y parecía un vestigio de tiempos prehistóricos. Pero no había espejismo, era real. En aquel momento, ninguna otra aparición hubiera resultado más apropiada para la comida que aquella criatura que parecía un ser de ciencia ficción. La carne trajo consigo la euforia que se apodera de cualquiera ante un festín.

Aquella noche comprendí por primera vez la creencia de la tribu en la relación de la tierra con las características de los antepasados propios. Nuestra gran taza de roca parecía haber surgido bruscamente en medio de la llanura que nos rodeaba como el pecho nutrido de una antepasada, cuya conciencia corporal se hubiera convertido en materia inorgánica para salvarnos la vida. Bauticé en silencio la loma: Georgia Catherine, el nombre de mi madre.

Alcé la vista hacia la vasta extensión de tierra que nos rodeaba y, al tiempo que daba las gracias, comprendí al fin que el mundo es verdaderamente un lugar de abundancia. Está lleno de personas buenas que nos apoyan y comparten nuestra vida si se lo permitimos. Hay comida y agua para todos los seres vivientes en todas partes si nos abrimos para recibir y también para dar. Pero entonces, por encima de todo, valoré la abundante guía espiritual que había en mi vida. Disponía de esa ayuda en cualquier momento de angustia, incluidos la proximidad de la muerte y el mismo acto de morir, porque había conseguido superar «mi estilo de vida».

22

Mi juramento

Todos los días de la semana eran iguales en la vida de la tribu. Tampoco había modo de saber en qué mes vivíamos. Era evidente que el tiempo no contaba para ellos. Un día tuve la extraña sensación de que era Navidad. No estoy segura del motivo. En aquel lugar no había nada que sugiriera ni remotamente un árbol de Navidad o una jarra de cristal llena de ponche de huevo. Pero probablemente era el 25 de diciembre. Eso me hizo pensar en los días de la semana y en un incidente que había ocurrido en mi consultorio unos años antes.

En la sala de espera había dos ministros de la Iglesia cristiana que entablaron una conversación en torno a la religión. Empezaron a acalorarse cuando se pusieron a discutir sobre si el auténtico *Sabbath* era el sábado o el domingo, según la Biblia. Allí, en el *Outback*, aquel recuerdo me pareció cómico. En Nueva Zelanda era ya 26 de diciembre y en el mismo instante era Nochebuena en Estados Unidos. Imaginé la sinuosa línea roja que había visto pintada sobre el océano azul en el atlas. El tiempo empezaba y se detenía ahí, en una frontera invisible sobre un mar en constante movimiento, donde nacía cada nuevo día de la semana.

También recordé que en mi época de estudiante en el Instituto St. Agnes me hallaba sentada un viernes por la noche en un taburete de Allen's. Teníamos unas hamburguesas gigantes ante nosotros y esperábamos a que el reloj diera la medianoche. Un mordisco de carne el viernes significaba el pecado mortal instantáneo y la condenación eterna. Años más tarde se cambió la regla, pero nadie me respondió a la pregunta de qué les había ocurrido a las pobres almas ya condenadas. En el desierto todo aquello parecía totalmente estúpido.

No se me ocurría un modo mejor de honrar el sentido de la Navidad que la forma de vivir de los Auténticos. No celebran días de fiesta anuales como nosotros. Cierto es que honran a cada miembro de la tribu alguna vez durante el año, pero no el día de su cumpleaños sino más bien cuando desean expresar su gratitud a la persona por su talento, su contribución a la comunidad y su madurez espiritual. No celebran el hecho de envejecer; celebran que cada vez son mejores.

Una mujer me contó que su nombre y su talento en la vida significaban Guardiana del Tiempo. Ellos creen que todos tenemos múltiples talentos y que vamos progresando en sus diferentes niveles. En aquel momento, la mujer era una artista del tiempo y trabajaba con otra persona que tenía una gran capacidad memorística. Cuando le pedí que me explicara más cosas, me informó que los miembros de la tribu pedirían consejo y me dirían más tarde si podría tener acceso a aquel conocimiento.

Durante unas tres noches no me tradujeron las conversaciones. Supe sin preguntar que la discusión se centraba en decidir si me comunicarían cierta información especial o no. También sabía que no me consideraban únicamente a mí sino también el hecho de que yo representaba a todos los demás Mutantes. Me pareció que el Anciano hablaba claramente en mi favor durante esas tres noches. Tuve la sensación de que Outa era quien más se oponía. Comprendí que me habían elegido para tener una experiencia única que no se había permitido a ningún otro extraño. Tal vez el conocimiento del cómputo del tiempo era pedir demasiado.

Continuamos nuestra marcha por un terreno accidentado con rocas, arena y algo de vegetación, no tan llano como el que habíamos atravesado previamente. Parecía haber una depresión en la tierra por donde habían caminado generaciones de aquella raza negra. El grupo se detuvo sin previo aviso y se adelantaron dos hombres, que separaron los arbustos entre dos árboles e hicieron rodar unas rocas hacia un lado. Tras ellas había una abertura en la ladera de una colina. También retiraron la arena que se había acumulado ante la entrada. Outa se volvió hacia mí y me dijo:

«Ahora te permitiremos conocer el cómputo del tiempo. Cuando lo veas comprenderás el dilema en que se ha debatido mi gente. No puedes entrar en este lugar sagrado hasta que prestes juramento de que no revelarás el emplazamiento de esta cueva.»

Entraron todos, dejándome sola. Me llegó olor a humo y vi un tenue penacho que ascendía desde la roca que cubría la cima de la colina. Salieron y se acercaron a mí de uno en uno. El más joven fue el primero; me cogió las manos, me miró a los ojos y habló en su lengua, que yo no comprendía. Percibí su ansiedad por lo que yo pudiera hacer con el conocimiento que estaba a punto de recibir. Con la inflexión de su voz, el ritmo y las pausas, me estaba diciendo que por primera vez el bienestar de su gente quedaría a expensas de un Mutante.

La siguiente fue la mujer a la que conocía por Cuentista. También ella me cogió las manos y me habló. Bajo el ardiente sol, su rostro parecía más negro, sus finas cejas de color negro azulado como el de una pluma de pavo real, y el blanco de sus ojos como la tiza. Hizo una seña a Outa para que se acercara y sirviera de intérprete. Mientras ella sostenía mis dos manos y me miraba directamente a los ojos, él me tradujo sus palabras:

«La razón por la que has venido a este continente es el destino. Hiciste un pacto antes de nacer para encontrarte con otra persona y trabajar juntas en beneficio mutuo. El acuerdo decía que no os buscaríais hasta que hubieran pasado cincuenta años por lo menos. Ahora ha llegado el momento. Conocerás a esa persona porque nacisteis en el mismo momento y se producirá el reconocimiento a nivel de las almas. El pacto se hizo en el más alto nivel de vuestra existencia eterna.»

Quedé impresionada. Aquella anciana mujer del interior de Australia me repetía lo mismo que me había dicho aquel extraño joven a mi llegada, en el salón de té.

Entonces, Cuentista cogió un puñado de arena y me lo puso en la palma de la mano. Luego cogió otro, abrió los dedos y dejó que la arena se filtrara entre ellos, indicándome que la imitara. Lo mismo se repitió cuatro veces en honor de los cuatro elementos: agua, tierra, aire y fuego. Un residuo de polvo se me quedó pegado a los dedos.

Fueron saliendo de uno en uno para cogerme las manos y hablarme. Pero Outa no volvió a hablar por ellos. Después de estar conmigo, todos volvían a entrar en la cueva. Guardiana del Tiempo fue una de las últimas en salir, y lo hizo acompañada de Guardiana de la Memoria. Nos cogimos las tres de las manos y caminamos en círculo. Luego tocamos la tierra con los dedos aún entrelazados y después nos erguimos y extendimos los brazos hacia el cielo. Hicimos esto mismo siete veces para honrar a las siete direcciones: norte, sur, este, oeste, arriba, abajo, dentro.

Casi al final se acercó a mí Hombre Medicina. El Anciano fue el último. Outa lo acompañaba. Me dijo que los lugares sagrados de los aborígenes, incluyendo los de la tribu de los Auténticos, ya no les pertenecían. El punto de encuentro tribal más importante fue en otro tiempo *Uluru*, que ahora se llama Ayers Rock, y que es un gigantesco montículo rojizo en el centro del país. Es un monolito de trescientos ochenta y cuatro metros, el más grande de la Tierra, que se eleva sobre la llanura. Ahora se ha convertido en un lugar para turistas, que lo escalan como hormigas para luego regresar al autocar y pasarse el resto del día flotando en las piscinas antisépticas de los hoteles cercanos, tratadas con cloro. A pesar de que el gobierno afirma que pertenece tanto a los legitimistas ingleses como a los aborígenes, es evidente que ya no es sagrado y que no puede utilizarse para nada que sea remotamente sagrado. Hace unos ciento setenta y cinco años los Mutantes empezaron a tender las líneas del telégrafo por las vastas extensiones desérticas. Los aborígenes tuvieron que buscar un lugar diferente para la asamblea de sus naciones. Desde entonces se han ido eliminando todas las tallas artísticas e históricas y todas las reliquias. Algunos de los objetos fueron depositados en museos australianos, pero la mayoría se exportaron. Se saquearon las tumbas y se despojaron los altares. La tribu cree que los Mutantes fueron tan insensibles como para suponer que las formas de culto aborígenes desaparecerían si ellos les arrebataban los lugares sagrados. Jamás les pasó por la cabeza que pudieran buscarse otros. Fue un golpe devastador para las asambleas multitribales y el principio de lo que ha degenerado en la destrucción total de las naciones aborígenes. Algunos intentaron luchar y murieron en una batalla perdida. La mayoría se sumergió en la sociedad del hombre blanco buscando la bondad prometida, que incluía alimentos sin límite, y murieron en la pobreza, la forma legal de esclavitud.

Los primeros habitantes blancos de Australia fueron los presos que llegaron encadenados en barcos para resolver el problema del hacinamiento en los penales británicos. Incluso los militares que enviaban como guardianes eran hombres a los que los tribunales reales consideraban prescindibles.

No era de extrañar que los convictos liberados tras cumplir condena, sin dinero y sin ningún tipo de rehabilitación, se convirtieran en salvajes capataces. Las personas sobre las que ejercían su poder tenían que ser menos personas que ellos mismos.

Los aborígenes desempeñaron ese papel.

Outa me reveló que su tribu había sido guiada de vuelta a aquel lugar sagrado unas doce generaciones atrás:

»Este lugar sagrado ha mantenido viva a nuestra gente desde el principio de los tiempos, cuando la tierra estaba cubierta de árboles, incluso cuando llegó el gran diluvio que lo cubrió todo. Nuestra gente se encontraba a salvo aquí. No ha sido detectado por vuestros aviones, y tu gente no sobrevive en el desierto el tiempo suficiente para localizarlo. Muy pocos seres humanos saben que existe. Tu gente nos ha arrebatado los objetos ancestrales de nuestra raza. Ya no poseemos nada salvo lo que verás aquí, bajo la superficie de la tierra. No hay ninguna otra tribu aborigen a la que le queden objetos materiales relacionados con su historia. Los Mutantes los han robado todos. Esto es todo lo que queda de una nación entera, de una raza, de los Auténticos Hombres de Dios, de los primeros hombres de Dios, los únicos seres humanos auténticos que quedan sobre el planeta.»

Esa tarde, Mujer que Cura se acercó a mí por segunda vez. Llevaba un recipiente con pintura roja. Los colores que ellos utilizan representan, entre otras cosas, los cuatro componentes del cuerpo: huesos, nervios, sangre y tejidos. Con gestos e instrucciones mentales me indicó que me pintara la cara de rojo. Así lo hice. Entonces salieron todos los demás y, mirando a cada uno de ellos a los ojos, juré de nuevo una y otra vez que jamás revelaría el emplazamiento exacto del lugar sagrado.

Tras esto, me escoltaron al interior.

23

La revelación del tiempo
de ensueño

En el interior había una enorme estancia de roca sólida de la que partían varios túneles en distintas direcciones. Unas vistosas banderas adornaban las paredes, y había estatuas que sobresalían en repisas naturales de la roca. Lo que vi en el rincón me hizo dudar de mi cordura. ¡Era un jardín! Las rocas de la cima de la colina se habían dispuesto de forma que dejaran entrar la luz del sol y oí claramente el sonido del agua goteando sobre roca. El agua subterránea se canalizaba a través de una depresión en la roca y no dejó de correr mientras permanecimos allí. Era una atmósfera abierta, sencilla pero perdurable.

Ésa fue la única vez que vi a los miembros de la tribu declarar lo que yo llamaría posesiones personales. En la cueva guardaban sus objetos ceremoniales, así como equipos más trabajados para dormir, con muchas pieles apiladas para disponer de lechos más cómodos. Reconocí las pezuñas de camello convertidas en herramientas para cortar. Vi una habitación a la que yo llamo el museo. Allí guardaban las reservas de cosas acumuladas a lo largo de los años por los exploradores que volvían de las ciudades. Había recortes de revistas con fotos de televisores, ordenadores, automóviles, tanques, lanzadoras de cohetes, máquinas tragaperras, edificios famosos, razas diferentes, y todo tipo de platos en brillantes colores. También tenían objetos como gafas de sol, una maquinilla de afeitar, un cinturón, una cremallera, imperdibles, alicates, un termómetro, pilas, varios lápices y bolígrafos, y unos cuantos libros.

Otra sección estaba dedicada a la confección de ropa. Tienen un comercio de lana y otras fibras con tribus vecinas y algunas veces hacen cobertores con corteza de árbol. De vez en cuando también hacen cuerdas. Observé a un hombre sentado, que cogía varias fibras con la mano y parecía enrollarlas sobre el muslo. Luego siguió retorciéndolas mientras iba añadiendo nuevas fibras hasta que consiguió un único y largo hilo. Entretejiendo varios de estos hilos se hacían cuerdas de diferente grosor. También entretejen los cabellos para realizar múltiples objetos. En aquel momento no comprendí que aquellas personas se cubrían el cuerpo porque sabían que, a mi edad, me sería muy difícil, quizás imposible, llevar una vida normal sin ropas.

El día estuvo lleno de sorpresas. Outa me daba las explicaciones mientras explorábamos. En algunas zonas más hacia el interior se necesitaban antorchas, pero el área principal tenía un techo rocoso que podía modificarse desde el exterior para permitir que entrara una luz tenue o toda la fuerza del sol. La cueva de la tribu de los Auténticos no es un lugar de adoración. De hecho, sus vidas son en todo momento actos de adoración. Utilizan aquel lugar absolutamente sagrado para llevar un registro de la historia y para enseñar la Verdad, para preservar sus valores. Es el refugio donde se protegen de las ideas Mutantes.

Cuando regresamos a la cámara principal, Outa cogió las estatuas de madera y piedra y me las mostró para que las examinara más de cerca. Las amplias ventanas de su nariz se ensancharon al explicarme que los tocados denotaban la personalidad de cada estatua. Un tocado corto representaba las ideas, la memoria, la toma de decisiones, la conciencia física de los sentidos corporales, placeres y dolores, todo lo que yo relacionaba con la mente consciente y subconsciente. El tocado alto representaba la parte creativa de la personalidad, el modo en que explotamos los conocimientos e inventamos objetos que aún no existen, tenemos experiencias que pueden o no ser reales y captamos la sabiduría aprendida por todas las criaturas y los seres humanos que han existido a lo largo del tiempo. La gente busca información, pero no parece darse cuenta de que también la sabiduría necesita expresarse. El tocado alto representaba también nuestro auténtico yo perfecto, la parte eterna de cada uno de nosotros a la que podemos recurrir cuando necesitamos saber si una acción que queremos emprender será por nuestro supremo bien. También había un tercer tocado que enmarcaba el rostro tallado y caía por detrás hasta tocar el suelo. Éste representaba el vínculo de todos los aspectos: físico, emocional y espiritual.

La mayoría de las estatuas estaban talladas con mucho detalle, pero me sorprendió ver una que no tenía pupilas en los ojos. Parecía un símbolo ciego, sin vista. «Vosotros creéis que la Divina Unidad ve y juzga a las personas –explicó Outa–. Nosotros creemos que la Divina Unidad siente la intención y la emoción de los seres, que no está tan interesada en lo que hacemos como en el modo de hacerlo.»

Aquélla fue la noche más significativa de todo el viaje. Fue entonces cuando comprendí por qué estaba allí y qué se esperaba de mí.

Se realizó una ceremonia. Yo contemplé a los artistas que preparaban pintura blanca con arcilla de pipas: dos tonos de rojo ocre y uno de amarillo limón. Hacedor de Herramientas hizo pinceles con trozos de corteza de unos quince centímetros de largo, mascados y deshilachados con los dientes. Otros pintaron complejos dibujos y figuras de animales. A mí me pusieron un atuendo de plumas, algunas del pálido color vainilla del emú; tenía que imitar a la cucaburra. Mi parte de la pieza ceremonial consistiría en representar al pájaro como mensajero que vuela hasta los confines del mundo. La cucaburra es un hermoso pájaro, pero hace un sonido estridente que a menudo se compara con el rebuzno de un burro. La cucaburra tiene un fuerte instinto de supervivencia. Es un pájaro grande y parecía apropiado para mí.

Después de bailar y cantar formamos un pequeño círculo. Éramos nueve: el Anciano, Outa, Hombre Medicina, Mujer que Cura, Guardiana del Tiempo, Guardiana de la Memoria, Pacificador, Amigo de los Pájaros y yo.

El Anciano se sentó justo enfrente de mí, con las piernas dobladas a modo de cojín; se inclinó hacia delante para mirarme a los ojos. Alguien de fuera del círculo le tendió una copa de piedra llena de líquido. Él bebió. Su mirada penetró en lo más profundo de mi corazón y no se apartó cuando pasó la copa hacia su derecha. Habló así:

–Nosotros, la tribu de los Auténticos Hombres de la Divina Unidad, vamos a abandonar el planeta Tierra. En el tiempo que nos resta hemos decidido vivir el más alto nivel de vida espiritual: el celibato, un modo de demostrar la disciplina física. No tendremos más hijos. Cuando muera el más joven de nosotros, él será el último de la raza humana pura.

»Somos seres eternos. Hay muchos lugares en el universo donde las almas que nos han de seguir tomarán forma corporal. Nosotros somos los descendientes directos de los primeros seres. Hemos pasado la prueba de la supervivencia desde el principio de los tiempos, manteniéndonos leales a los valores y leyes originales. Es nuestra conciencia colectiva lo que ha mantenido la tierra unida. Ahora hemos recibido permiso para marcharnos. Los humanos de este mundo han cambiado y han alejado una parte del alma de la Tierra. Nosotros vamos a unirnos con ella en el cielo.

»Tú has sido elegida como mensajera mutante para decirles a los tuyos que nos vamos. Os dejamos la Madre Tierra a vosotros. Rezamos para que acabéis comprendiendo lo que vuestro modo de vida le está haciendo al agua, a los animales, al aire y a vosotros mismos. Rezamos para que acabéis encontrando la solución a vuestros problemas sin destruir este mundo. Hay Mutantes que están a punto de recuperar el espíritu individual de su auténtica existencia. Con el esfuerzo necesario, aún hay tiempo para evitar la destrucción del planeta, pero nosotros ya no podemos ayudaros. Nuestro tiempo se ha acabado. Han cambiado las lluvias, el calor ha aumentado y hemos visto disminuir la reproducción de plantas y animales durante años. Ya no podemos proporcionar formas humanas para que las habiten los espíritus, porque pronto no habrá agua ni comida en el desierto.»

Mi mente era un torbellino de pensamientos. Por fin lo comprendía todo. Al cabo de tanto tiempo se habían abierto a una extraña porque necesitaban una mensajera. Pero ¿por qué yo?

La copa de líquido había llegado a mis manos. Tomé un sorbo. Tenía un sabor que quemaba, como de vinagre mezclado con whisky puro. Lo pasé hacia mi derecha.

«Ha llegado el momento de que descanses el cuerpo y la mente –continuó el Anciano–. Duerme, hermana, mañana volveremos a hablar.»

El fuego se había consumido y no quedaban más que los rescoldos de rojo resplandeciente. El calor se elevaba para abandonar la cueva a través de las aberturas del techo rocoso. No podía dormir. Hice un gesto a Pacificador indicándole si podíamos hablar. Él contestó afirmativamente. Outa también aceptó, así que los tres iniciamos una profunda y compleja conversación.

Pacificador, con un rostro tan erosionado como la tierra por la que habíamos viajado, me dijo que en el principio de los tiempos, en lo que ellos llaman «el tiempo de ensueño», la Tierra toda estaba unida. La Divina Unidad creó la luz, el primer amanecer rasgó la oscuridad eterna y total. El vacío se usó para colocar muchos discos que giraban en los cielos. Nuestro planeta, plano y sin accidentes, era uno de ellos. No había ni un solo lugar donde refugiarse, su superficie estaba desnuda. Todo era silencio. No había una sola flor que se inclinara al viento, ni siquiera corría la brisa. No había pájaro ni sonido alguno que penetrara el vacío. Entonces la Divina Unidad extendió el conocimiento a todos los discos, dándole diferentes cosas a cada uno. La conciencia fue lo primero. De ésta surgió el agua, la atmósfera y la tierra. Se introdujeron todas las formas de vida temporales. «Mi gente cree que a los Mutantes les cuesta definir lo que vosotros llamáis Dios porque son fanáticos de la forma. Para nosotros, la Unidad no tiene tamaño, forma ni peso. La Unidad es esencia, creatividad, pureza, amor, energía ilimitada e infinita.»

Muchas de las historias tribales se refieren a una Serpiente Arco Iris que representa la sinuosa línea de la energía o conciencia que comienza como una paz total, cambia de vibración y se convierte en sonido, color y forma.

Yo percibí que no era la conciencia de estar despierto o inconsciente lo que intentaba explicar Outa, sino más bien una especie de conciencia creadora. Esta conciencia lo es todo. Existe en las rocas, plantas, animales y en la humanidad. Los seres humanos fueron creados, pero el cuerpo humano sólo alberga nuestra parte eterna. Otros seres eternos habitan en otros lugares por todo el universo. Es creencia de la tribu que la Divina Unidad creó primero a la mujer, y que el mundo surgió cantando. La Divina Unidad no es una persona. Es Dios, un poder supremo, totalmente positivo y lleno de amor, y creó el mundo mediante la expansión de su energía.

Ellos creen que los humanos están hechos a imagen de Dios, pero no de su imagen física, ya que Dios no tiene cuerpo. Las almas fueron hechas a imagen y semejanza de la Divina Unidad, lo que significa que son capaces de una paz y un amor puros, y tienen la facultad de crear y cuidar muchas cosas. Nos fue concedido el libre albedrío y este planeta como un lugar de aprendizaje de las emociones, que son incomparablemente intensas cuando el alma adquiere forma humana.

El tiempo de ensueño se divide en tres partes, según me dijeron. Era el tiempo antes del tiempo; también existía el tiempo de ensueño cuando apareció la Tierra, pero aún no tenía carácter. Los primeros hombres, que experimentaban con emociones y acciones, descubrieron que eran libres de enfadarse cuando quisieran, que podían buscar cosas o situaciones que provocaran su enfado. Pero preocupación, avaricia, lujuria, mentiras y poder no eran sentimientos y emociones que uno debiera desarrollar y, para demostrarlo, los primeros hombres desaparecieron y en su lugar surgió una masa de rocas, una cascada, un risco o lo que fuera. Estas cosas existen aún en el mundo y son motivo de reflexión para cualquiera que tenga la sabiduría de aprender de ellas. Es la conciencia la que ha formado la realidad. La tercera parte del tiempo de ensueño es el presente. La ensoñación perdura; la conciencia sigue creando nuestro mundo.

Ésta es una de las razones por las que no creen que la tierra estuviera destinada a ser propiedad de alguien. La tierra pertenece a todas las cosas. Compartir, establecer acuerdos, es el único método realmente humano. La posesión es el extremo de la exclusión de los demás por una inmoderada satisfacción propia. Antes de que llegaran los británicos, nadie en Australia carecía de tierra.

La tribu cree que los primeros humanos de la Tierra aparecieron en Australia cuando todas las tierras eran una sola. Los científicos llaman Pangea a la masa única de tierra que existió hace unos 180 millones de años y que acabó escindiéndose en dos. Laurasis contenía los continentes del norte y Gondwanaland se componía de Australia, la Antártida, India, África y Sudamérica. India y África se separaron hace sesenta y cinco millones de años, dejando debajo a la Antártida y a Australia, y Sudamérica en medio.

Según cuenta la tribu, en los albores de la humanidad, los hombres empezaron a explorar y emprendieron *walkabouts* a lugares cada vez más lejanos. Se encontraron entonces con nuevas situaciones y, en lugar de confiar en principios básicos, adoptaron emociones y acciones agresivas para sobrevivir. Cuanto más lejos viajaron, más cambió su sistema de creencias, más se alteraron sus valores y, al final, incluso su aspecto físico evolucionó hacia un color de piel más claro en zonas septentrionales más frías.

Ellos no discriminan por el color de la piel, pero creen que todos procedemos de un solo color y que acabaremos volviendo a él.

A los Mutantes los definen por unas características específicas. En primer lugar, los Mutantes ya no pueden vivir en un ambiente natural. La mayoría se muere sin saber qué se siente al estar desnudo bajo la lluvia. Construyen casas con calor y frío artificiales y sufren insolaciones al aire libre con temperaturas normales.

En segundo lugar, los Mutantes ya no tienen el buen sistema digestivo de los Auténticos. Tienen que pulverizar, emulsionar, cocinar y conservar los alimentos. Comen más cosas artificiales que naturales. Han llegado incluso a padecer alergias provocadas por alimentos naturales y el polen del aire. Algunas veces, los Mutantes recién nacidos ni siquiera toleran la leche de su propia madre.

Los Mutantes tienen un juicio limitado porque miden el tiempo en relación consigo mismos. No reconocen más tiempo que el presente, y por tanto destruyen sin la menor consideración por el futuro.

Pero la gran diferencia entre los humanos de ahora y el modo en que fueron originalmente es que los Mutantes tienen un foco de miedo. Los Auténticos no tienen miedo. Los Mutantes amenazan a sus hijos. Necesitan policías y prisiones. También la seguridad del gobierno se basa en la amenaza de las armas sobre otros países. Para la tribu, el miedo es una emoción del reino animal, donde desempeña un importante papel para la supervivencia. Pero si los humanos conocen la Divina Unidad y comprenden que el universo no es un acontecimiento fortuito sino un plan en desarrollo, nada pueden temer. O tienes fe o tienes miedo, pero lo que no puedes es sentir las dos cosas a la vez. Ellos creen que las cosas generan miedo. Cuantas más posesiones tienes, más tienes que temer. Al final sólo vives para conseguir cosas.

Los Auténticos me explicaron lo absurdo que a ellos les parecía que los misioneros insistieran en enseñar a sus hijos a juntar las manos y dedicar dos minutos a dar las gracias antes de las comidas. ¡Ellos se despiertan dando las gracias! Ellos no dan nunca nada por supuesto en todo el día. Si los misioneros tienen que enseñar a los niños de su propia gente a dar las gracias, lo que es innato en todos los seres humanos, la tribu cree que deberían preocuparse seriamente por su sociedad. Tal vez sean ellos los que necesitan ayuda.

Tampoco entienden por qué los misioneros les prohíben las ofrendas a la tierra. Todo el mundo sabe que cuanto menos tomes de la tierra, menos habrás de devolverle. Los Auténticos no ven nada salvaje en pagar una deuda o mostrar gratitud a la tierra haciendo que unas cuantas gotas de tu propia sangre se derramen sobre la arena. Creen además que se ha de honrar el deseo individual de una persona que quiera dejar de alimentarse y se siente al aire libre para poner fin a su existencia terrena. No consideran que la muerte por enfermedad o accidente sea natural. Después de todo, dicen, en realidad no se puede matar lo que es eterno. No puedes crearlo ni tampoco matarlo. Creen en el libre albedrío; el alma elige libremente venir; así pues, ¿cómo pueden ser justas las leyes que dicen que el alma no puede volver a su casa? No es una decisión personal que se tome en esta realidad manifestada. Es un ser omnisciente quien toma la decisión a nivel eterno.

Creen también que el modo natural de abandonar la experiencia humana es ejercitando el libre albedrío. Hacia los 120 o 130 años de edad, cuando la persona se emociona pensando en volver a «la eternidad», y tras preguntarle a la Unidad si es por el bien supremo, convocan una fiesta, una celebración de su vida.

Durante siglos, los Auténticos han practicado la costumbre de decir la misma frase a todos los recién nacidos, de modo que cada persona oye exactamente las mismas primeras palabras humanas: «Te amamos y te apoyamos en el viaje». En la celebración final, todo el mundo la abraza y repite esta frase otra vez. ¡Lo que oyen al llegar es lo que oyen al partir! Luego la persona que parte se sienta en la arena y cierra los sistemas corporales. En menos de dos minutos ha muerto. No hay tristeza ni lamentos. Mis compañeros aceptaron enseñarme su técnica para pasar del plano humano al plano invisible cuando estuviera preparada para la responsabilidad de semejante conocimiento.

La palabra Mutante parece ser un estado del corazón y de la mente, no es un color ni una persona. ¡Es una actitud! Es alguien que ha perdido o rechazado la antigua memoria y las verdades universales.

Al fin tuvimos que concluir nuestra conversación. Era muy tarde y todos estábamos exhaustos. La cueva, antes vacía, se había llenado de vida. Antes mi cerebro contenía años de educación, pero en ese momento parecía una esponja para un conocimiento diferente y más importante. El modo de vida de la tribu era tan ajeno a mí, y tan profunda la capacidad de comprensión necesaria, que di las gracias cuando mi mente se cubrió de un barniz de pacífica inconsciencia.

24

Archivos para la historia

A la mañana siguiente me permitieron ver el pasaje que ellos llaman Cómputo del Tiempo. Mediante un dispositivo de piedra, han conseguido que el sol pase por un conducto. Sólo hay un instante en todo el año en que el sol brilla de un modo directo y preciso. Cuando lo hace, saben que ha transcurrido un año entero desde la última vez en que ocurrió. En ese momento se hace una gran celebración en honor de Guardiana del Tiempo y de Guardiana de la Memoria. Las dos mujeres se encargan del ritual de cada año, para el que pintan un mural con todas las actividades significativas realizadas durante las seis estaciones aborígenes transcurridas. Se enumeran todos los nacimientos y muertes por el día de la estación y el tiempo solar o lunar, así como por otras importantes observaciones. Yo conté más de ciento sesenta de esas inscripciones y pinturas. Así fue como determiné que el miembro más joven de la tribu tenía trece años y que había cuatro personas que pasaban de los noventa.

Yo no sabía que el gobierno australiano hubiera participado alguna vez en actividades nucleares hasta que lo vi indicado en el muro de la cueva. Probablemente el gobierno no tenía ni idea de que hubiera seres humanos cerca del lugar de las pruebas. También tenían registrado en la pared el bombardeo de los japoneses sobre Darwin. Sin usar lápiz ni papel, Guardiana de la Memoria conocía los acontecimientos más importantes en la secuencia correcta en que debían ser recordados. Cuando Guardiana del Tiempo describió su responsabilidad de cincelar y pintar, su rostro expresó tal deleite que fue como mirar a los ojos de un niño que acabara de recibir un regalo ansiado. Ambas son mujeres de edad avanzada. Me asombró que nuestra cultura estuviera llena de ancianos desmemoriados, insensibles, inestables y seniles, mientras que allí, en el desierto, las personas se vuelven más sabias a medida que envejecen y son valoradas por su aportación a las conversaciones. Son pilares de fortaleza y ejemplo para los demás.

Contando hacia atrás, hallé en la pared la talla que representaba el año de mi nacimiento. Allí, en la estación que reflejaba septiembre, en lo que sería nuestro vigésimo noveno día, al amanecer, habían registrado un nacimiento. Pregunté quién era. Me contestaron que se trataba de Cisne Negro Real, conocido después como Anciano de la Tribu.

Seguramente no me quedé boquiabierta de asombro, aunque no era para menos. ¿Qué probabilidades hay de conocer a alguien que haya nacido el mismo día, del mismo año, a la misma hora, en el extremo opuesto del mundo, y de saberlo de antemano? Le dije a Outa que quería hablar en privado con Cisne Negro Real, y él lo dispuso así.

Años antes, Cisne Negro se había enterado de que tenía un compañero espiritual que habitaba en una personalidad nacida en la parte septentrional del mundo, en la sociedad de los Mutantes. En su juventud, él había querido aventurarse en la sociedad australiana para buscar a esa persona, pero le advirtieron que debía cumplir el pacto de concederse cincuenta años al menos para desarrollar los valores personales.

Comparamos nuestros nacimientos. Su vida empezó cuando su madre, tras largos días de viaje solitario, llegó a un lugar concreto, cavó un agujero en la arena, lo forró con la suavísima piel de un raro koala albino y se puso encima en cuclillas. La mía empezó en un blanco y aséptico hospital de Iowa después de que también mi madre viajara muchos kilómetros desde Chicago para ir a un lugar concreto de su elección. El padre de Cisne Negro se hallaba de viaje a kilómetros de distancia cuando él nació. También el mío. En su vida, y hasta aquel momento, había cambiado de nombre varias veces. También yo. Me contó las circunstancias de cada cambio. El raro koala blanco que había aparecido en el camino de su madre indicaba que el espíritu del niño que llevaba en sus entrañas estaba destinado al liderazgo. Personalmente había experimentado la afinidad con el cisne negro y luego había combinado el cisne con el término de distinción en su mundo, que habían traducido como Real para mí. A mi vez le hablé de las circunstancias de mis cambios de nombre.

En realidad no importaba si nuestra conexión era mito o hecho. Se convirtió en una asociación real en ese mismo instante. Tuvimos muchas charlas íntimas.

La mayor parte de lo que hablamos fue personal y no sería apropiado para este manuscrito, pero compartiré con ustedes lo que a mi parecer fue su más profunda declaración.

Cisne Negro Real me contó que en este mundo de personalidades hay siempre una dualidad. Yo lo había interpretado como el bien frente al mal, esclavitud frente a libertad, resignación frente a inconformismo. Pero no era ése el caso. No es blanco o negro; siempre son tonos grises. Y lo que es más importante, todo el gris se mueve progresivamente de vuelta hacia el creador. Yo bromeé sobre nuestra edad y le dije que necesitaría otros cincuenta años para comprenderlo.

Más tarde, ese mismo día, en el pasaje del Cómputo del Tiempo, aprendería que los aborígenes son los inventores de la pintura con pulverizador. De acuerdo con su honda preocupación por el medio ambiente, ellos no utilizan productos químicos tóxicos; se han negado a cambiar con los tiempos, así que sus métodos de hoy son los mismos que en el año 1000. Pintaron una zona de la pared de un intenso tono rojo con los dedos y un pincel de pelo animal. Unas horas después, cuando ya se había secado, me explicaron cómo debía mezclar pintura blanca con arcilla cretácea, agua y aceite de lagarto. Preparamos la mezcla sobre un trozo de corteza aplanada. Cuando conseguimos la consistencia adecuada, doblaron la corteza hasta convertirla en un embudo y yo me metí la pintura en la boca. Tuve una extraña sensación en la lengua, pero apenas noté sabor. A continuación coloqué la mano sobre la pared roja y empecé a escupir la pintura alrededor de mis dedos. Finalmente levanté la mano salpicada y dejé la marca de la Mutante sobre la pared sagrada. No habría recibido más alto honor aunque hubieran colocado un vaciado en yeso de mi rostro en el techo de la Capilla Sixtina.

Me pasé un día entero estudiando los datos de la pared: quién gobernaba en Inglaterra, el momento en que se introdujo el cambio de moneda, la primera vez que habían visto un coche, un avión, el primer reactor, los satélites que sobrevolaban Australia, los eclipses, incluso lo que parecía un platillo volante con unos Mutantes que tenían un aspecto más mutante que yo... Algunas de las cosas que me contaron las habían presenciado los anteriores guardianes del tiempo y de la memoria, pero los observadores enviados a las áreas civilizadas habían sido los transmisores de otros acontecimientos.

Antes solían enviar a los jóvenes, pero se dieron cuenta de que era una tarea demasiado dura para ellos. Los jóvenes se dejaban impresionar fácilmente por la promesa de ser dueños de una furgoneta de reparto, comer helados cada día y tener acceso a todas las maravillas del mundo industrializado. Los adultos eran más maduros y reconocían la atracción de aquel imán, pero no sucumbían a él. Sin embargo, jamás se retenía a nadie en la familia tribal contra su voluntad; periódicamente regresaba uno de sus miembros perdidos. A Outa lo habían separado de su madre al nacer, una práctica común y legal en el pasado. Para convertir a los paganos y salvar sus almas, se internaba a los niños aborígenes en instituciones y se les prohibía aprender sus diferentes lenguas nativas y practicar sus ritos sagrados. Outa permaneció retenido en la ciudad durante dieciséis años hasta que decidió huir en busca de sus raíces.

Todos reímos cuando Outa nos contó las situaciones creadas por el gobierno, que entregaba viviendas a los aborígenes. Éstos dormían en el jardín y utilizaban la casa como almacén. Conocí entonces lo que ellos consideran un regalo. Según mis compañeros de la tribu, un regalo sólo es regalo cuando le ofreces a una persona lo que ella desea, y deja de serlo cuando das lo que tú deseas que tenga. Un regalo no obliga a nada. Se da sin condiciones. Las personas que lo reciben tienen derecho a hacer con él lo que quieran: usarlo, destruirlo, regalarlo..., lo que sea. Es suyo, sin condiciones, y el que lo da no espera nada a cambio. Si no se corresponde con estos criterios, no es un regalo y debería clasificarse de alguna otra manera. Tuve que admitir que los regalos del gobierno, y desgraciadamente la mayoría de las cosas que en mi sociedad se considerarían como tales, se verían de un modo diferente en la tribu. Pero también recordaba a algunas personas de mi país que hacían regalos constantemente y ni siquiera eran conscientes de ello. Son aquellos que te ofrecen palabras de aliento, que comparten sus anécdotas contigo, que ofrecen a los demás un hombro donde apoyarse o que, simplemente, son amigos que jamás te fallan.

La sabiduría de mis compañeros de viaje era una fuente constante de asombro para mí. De ser ellos los dirigentes del mundo, qué diferentes serían nuestras relaciones...

25

La portavoz

Al día siguiente me permitieron entrar en el espacio más protegido de aquel lugar subterráneo, por el que tenían la más alta consideración y en el que se centraron las discusiones previas sobre mi discutible acceso. Tuvimos que utilizar antorchas para iluminar la estancia cubierta de ópalo pulido. La luz del fuego que se reflejaba en paredes, suelo y techo era tal vez el despliegue más brillante de colores del arco iris que he visto en mi vida. Me sentí como si estuviese de pie dentro de un cristal en el que los colores danzaran por debajo y por encima de mí, y me abrazaran por los lados. Allí era donde acudían de manera formal para comunicarse directamente con la Unidad en lo que nosotros podríamos llamar meditación. Me explicaron que la diferencia entre las plegarias de los Mutantes y la forma de comunicación de los Auténticos es que la plegaria consiste en hablarle al mundo espiritual, mientras que ellos hacen justamente lo contrario. Ellos escuchan. Borran la mente de pensamientos y esperan recibir. El razonamiento que siguen parece ser el siguiente: «No se puede oír la voz de la Unidad cuando se está hablando.»

En aquella cámara se han celebrado muchas ceremonias matrimoniales y se han cambiado nombres oficialmente. Con frecuencia es el lugar que desean visitar los miembros más ancianos cuando están a punto de morir. En el pasado, cuando esta raza era la única que habitaba el continente, los diferentes clanes tenían diversos métodos de inhumación. Algunos enterraban a sus muertos envueltos a modo de momias y en tumbas excavadas en las laderas de las montañas. En otro tiempo, Ayers Rock contenía muchos cuerpos, pero ahora, claro está, han desaparecido de allí. En realidad, ellos no le concedían demasiado significado al cuerpo humano muerto, así que a menudo lo enterraban en un agujero poco profundo en la arena. Creen que el cuerpo, en último término, debe regresar al suelo para reciclarse, como todos los elementos del universo. Algunos nativos piden ahora que los abandonen sin cubrir en el desierto, convirtiéndose así en alimento para el reino animal que tan fielmente proporciona comida en el ciclo de la vida. La principal diferencia, según mi criterio, consiste en que los Auténticos saben adónde van cuando exhalan su último suspiro en este mundo, mientras que la mayoría de los Mutantes lo ignoran. Si lo sabes, te marchas en paz y confiado, de lo contrario, es evidente que existe un conflicto.

En la cámara opalina se practica asimismo una enseñanza muy especial. Es el aula en que se enseña el arte de la invisibilidad. Antiguamente se decía que la raza aborigen se desvanecía en el aire cuando topaba con el peligro. Muchos de los nativos urbanos dicen que ha sido siempre un bulo y que su gente nunca ha sido capaz de realizar acciones sobrehumanas, pero están equivocados. En el desierto se practica el arte de la ilusión con maestría. Los Auténticos saben crear también la ilusión de la multiplicación, por la que una persona sola aparenta ser diez o cincuenta. Se utiliza para sobrevivir en lugar de las armas, aprovechándose del miedo típico de otras razas. No necesitan de lanzas, sencillamente crean una ilusión colectiva y los individuos que huyen despavoridos, llenos de miedo, cuentan después historias de demonios y brujería.

Apenas permanecimos unos días en el lugar sagrado, pero antes de partir se celebró una ceremonia en la cámara sagrada para convertirme en su portavoz y realizaron un ritual para asegurarme la protección futura. Iniciaron el ritual ungiendo mi cabeza. Sobre la frente me colocaron un aro hecho de piel de koala retorcida de color gris plateado, con un ópalo pulido y engarzado en resina en el centro. Me pegaron plumas por todo el cuerpo, incluido el rostro. Todo el mundo llevaba atuendos de plumas. Fue una celebración maravillosa en la que utilizaron carillones de viento accionados mediante abanicos hechos de plumas y cañas. El sonido que producían era tan asombroso como el de los órganos que he oído en las mejores catedrales del mundo. También usaron caramillos de arcilla y un corto instrumento de madera que sonaba de un modo muy similar a nuestras flautas.

Yo sabía que había sido plenamente aceptada. Había pasado las pruebas que me habían impuesto, aunque al principio no sabía que me estuvieran probando ni conocía su propósito. Me emocioné intensamente cuando me hallé en el centro de su círculo, objeto de sus cánticos y escuchando los antiguos y puros sonidos de su música.

A la mañana siguiente sólo una parte del grupo original abandonó el lugar sagrado para seguir viaje conmigo. ¿Hacia dónde? Lo ignoraba.

26

Feliz no cumpleaños

Durante nuestro viaje se realizaron sendas celebraciones para honrar el talento de dos personas. Todos los miembros de la tribu reciben este reconocimiento mediante una fiesta especial, pero no tiene nada que ver con la edad ni los cumpleaños; con ella se reconoce el carácter único de ese talento y su contribución a la vida. Según sus creencias, el paso del tiempo cumple el propósito de permitir a las personas que se vuelvan mejores, que expresen más y mejor su propio ser. Así pues, si eres mejor persona este año que el anterior, y sólo tú lo sabes con seguridad, debes ser tú quien convoque la fiesta. Cuando tú dices que estás preparado, todos lo aceptan.

Una de las celebraciones que presencié se dedicaba a una mujer cuyo talento o medicina en la vida era escuchar. Su nombre era Guardiana de los Secretos. Ella siempre estaba dispuesta a escuchar a quien fuera, sin importar sobre qué quisiera hablar, confesar o desahogarse, o qué peso deseara quitarse de encima. Consideraba que las conversaciones eran privadas; en realidad no ofrecía consejos ni tampoco juzgaba. Sostenía la mano o la cabeza de la otra persona sobre su regazo y se limitaba a escuchar. A su modo parecía animar a la gente a hallar la solución por sí misma, a seguir los dictados de su corazón.

Yo pensé en mis compatriotas, en la gran cantidad de jóvenes norteamericanos que no tienen la menor noción del sentido que deben dar a su vida, en las personas sin hogar que creen que no tienen nada que ofrecer a la sociedad, en los adictos a cualquier droga que quieren vivir en una realidad diferente a la única que hay. Sentí deseos de llevarles al desierto para que fueran testigos de lo poco que a veces se necesita para ser de provecho a la comunidad, y lo maravilloso que resulta conocer y experimentar el sentimiento de la propia valía.

Aquella mujer conocía sus puntos fuertes, como también los conocían los demás miembros de la tribu. En la fiesta participamos todos, con Guardiana de los Secretos sentada en un nivel ligeramente superior. Ella había pedido que el universo proporcionara alimentos de brillante colorido, si era posible. Efectivamente, aquella tarde encontramos en nuestro camino plantas llenas de frutos.

Días antes habíamos visto caer un chaparrón a lo lejos y después hallamos docenas de renacuajos en pequeños estanques de agua. Los renacuajos fueron colocados sobre las rocas calientes, donde se secaron rápidamente para convertirse en una nueva forma de comida que jamás hubiera soñado. El menú de nuestra fiesta incluyó además una especie de criatura de desagradable aspecto que daba brincos por el fango.

En la fiesta tuvimos música. Yo enseñé a los Auténticos un baile fronterizo de Texas, *Cotton-Eyed Joe*, que adaptamos al ritmo de sus tambores, y pronto se oyeron grandes risas. Luego les expliqué que a los Mutantes les gusta bailar en parejas y pedí a Cisne Negro Real que me acompañara. Enseguida aprendió los pasos de vals, pero no conseguimos producir el ritmo correctamente. Yo empecé a tararear la melodía y animé a los demás a imitarme. Al poco rato todo el grupo tarareaba y bailaba el vals bajo el cielo de Australia. También les mostré el baile de figuras, en el que Outa se desenvolvió magníficamente como maestro de ceremonias. Esa noche decidieron que tal vez ya dominara el arte de curar en mi sociedad y deseara dedicarme a la música...

Fue la ocasión en que más cerca estuve de recibir un nombre aborigen. A mis compañeros de viaje les parecía que yo tenía más de un talento y estaban descubriendo que podía quererlos tanto a ellos como a su modo de vida sin dejar de ser leal al mío, así que me apodaron Dos Corazones.

En la fiesta de Guardiana de los Secretos se fueron turnando para explicar el alivio que suponía tenerla a ella en la comunidad y lo valioso que era su trabajo para todo el mundo. Ella enrojeció, radiante pero humilde, y aceptó el elogio de un modo digno y regio.

Fue una gran noche. Antes de quedarme dormida, di las gracias al universo por un día tan memorable.

No hubiese aceptado marcharme con aquella gente si me hubieran dado a elegir. No pediría renacuajo para comer si estuviese en un menú. Sin embargo, en aquellos momentos pensé en lo absurdas que han acabado siendo algunas de nuestras fiestas y en los maravillosos momentos que estaba disfrutando en el desierto.

27

Arrebatada por las aguas

El terreno que teníamos por delante era accidentado a causa de la erosión. Barrancos de tres metros de profundidad nos impedían caminar en línea recta. De repente el cielo se oscureció. Sobre nuestras cabezas pendían densas nubes de tormenta; ante nuestros ojos se desataban los elementos. Un rayo cayó en el suelo a unos metros de distancia. Le siguió un restallido ensordecedor. El cielo se convirtió en una cúpula de relámpagos centelleantes. Todos echamos a correr para ponernos a cubierto. Aunque nos diseminamos en todas direcciones, nadie parecía encontrar un auténtico refugio. El terreno en aquella parte del país era más bien árido. Había maleza y unos cuantos árboles resistentes, y la tierra era quebradiza.

Vimos que el viento empujaba el chaparrón y la lluvia oblicuamente hacia el suelo. Yo lo oí a lo lejos, como si fuera un tren acercándose con gran estrépito. La tierra tembló bajo mis pies. Unas gotas gigantescas cayeron de los cielos. Los relámpagos y el retumbar de los truenos bastaron para poner alerta mi sistema nervioso. Automáticamente eché mano a la tira de cuero que llevaba alrededor de la cintura. La usaba para sujetar el pellejo de agua y una *dilli bag* hecha de varano del desierto, que Mujer que Cura había llenado de diversas grasas, aceites y polvos. Me había explicado cuidadosamente el origen de cada cosa y su finalidad, pero yo comprendí que para aprender y dominar sus métodos de curación en la práctica, tardaría al menos los seis años que costaba en Estados Unidos realizar la carrera de medicina, o especializarse en osteopatía o en quiropráctica. Tanteé el nudo para asegurarme de que estaba bien sujeta.

A pesar del ruido y el ajetreo percibí algo más, oí algo muy potente, nuevo, un sonido agresivo con el que no estaba familiarizada. Outa me gritó: «¡Cógete a un árbol! ¡Sujétate bien fuerte a un árbol!». No había ninguno cerca. Miré hacia arriba y vi algo que rodaba por el desierto a lo lejos. Era alto, negro, de diez metros de anchura, y se acercaba a toda velocidad. Me lo encontré encima antes de que tuviera tiempo de razonar. Agua, un torbellino de agua embarrada y espumosa me cubrió la cabeza. Todo mi cuerpo se retorció y dio vueltas con la avalancha. Luché por respirar. Tendí las manos en busca de algo donde agarrarme, cualquier cosa. No sabía dónde era arriba y dónde abajo. Los oídos se me llenaron de un lodo espeso. Mi cuerpo daba tumbos y volteretas en el aire. Me detuve cuando di de costado con algo sólido, muy sólido. Me quedé clavada, enmarañada en un arbusto. Estiré el cuello cuanto pude para tomar aire. Tenía los pulmones a punto de estallar. Necesitaba respirar. No me quedaba alternativa aunque estuviera bajo el agua. Sentía un terror indescriptible. Parecía que habría de rendirme a fuerzas que no estaba a mi alcance comprender. Preparada para ahogarme, abrí la boca y recibí aire en lugar de agua. No podía abrir los ojos, tal era la cantidad de lodo sobre mi rostro. Noté el arbusto clavándose en mi costado a medida que el agua me obligaba a doblarme cada vez más.

Se fue con la misma rapidez con la que llegó. La ola pasó, el agua de su estela disminuyó progresivamente. Noté que caían grandes gotarrones sobre mi piel. Volví el rostro hacia el cielo y dejé que la lluvia limpiara el barro de mis ojos. Traté de erguirme y noté que mi cuerpo caía levemente. Por fin intenté abrir los ojos. Miré a mi alrededor y vi que las piernas me colgaban a casi dos metros del suelo. Me hallaba a medio camino de la pendiente de un barranco. Oí las voces de los otros. Yo no podía trepar hasta arriba, así que me dejé caer hasta el fondo. Las rodillas se llevaron la peor parte del golpe. Una vez abajo, me levanté tambaleante. Pronto me di cuenta de que las voces procedían de la dirección opuesta, así que di media vuelta.

Pronto volvimos a estar todos juntos. No había ningún herido de gravedad. Las pieles para dormir habían desaparecido, así como mi cinto y su preciosa carga. Permanecimos de pie bajo la lluvia y dejamos que el lodo que rebozaba nuestros cuerpos regresara a la madre tierra. Uno tras otro mis compañeros de viaje se quitaron las ropas y así, desnudos, se dejaron limpiar la arena de pliegues y arrugas de la ropa. También yo me quité la mía. Había perdido la cinta de la cabeza durante el ballet acuático, así que me pasé los dedos por los enmarañados cabellos. Debía tener una pinta cómica porque los otros vinieron a ayudarme. Algunas de las prendas dejadas en el suelo habían recogido el agua de lluvia. Me indicaron con gestos que me sentara, y cuando lo hice me echaron el agua sobre la cabeza y separaron los mechones de pelo con los dedos.

Volvimos a ponernos la ropa cuando paró de llover. Una vez seca, nos limitamos a sacudirle la arena restante. El aire cálido parecía absorber la humedad, dejándome la piel como una tela extendida sobre un caballete. Fue entonces cuando me dijeron que cuando hace un calor riguroso la tribu prefiere no llevar ropas, pero habían creído que tal vez me resultara muy embarazoso, por lo que habían respetado mis costumbres como gesto de cortesía de los anfitriones hacia su huésped.

Lo más asombroso de todo aquel episodio fue lo poco que duró la tensión que había provocado. Lo habíamos perdido todo, pero en un abrir y cerrar de ojos estábamos todos riendo. Yo admití que me sentía mejor, y hasta es posible que también tuviera mejor aspecto después de la pequeña inundación. La tormenta había despertado mi conciencia de la magnitud de la vida y mi pasión por ella. Aquel roce con la muerte había desarmado mi creencia en que la alegría o la desesperación eran fruto de cosas externas. Literalmente nos habían despojado de todo cuanto llevábamos excepto de los trapos con que nos cubríamos el cuerpo. Los pequeños regalos recibidos, que me hubiera llevado a Estados Unidos y legado a mis nietos, habían sido destruidos. Tenía ante mí una elección: reaccionar con lamentaciones o con resignación. ¿Era un intercambio justo, mis únicas posesiones materiales a cambio de una lección inmediata sobre el desapego? Me dijeron que probablemente me hubieran permitido conservar los recuerdos barridos por el agua pero que, por la energía de la Divina Unidad, al parecer seguía otorgándoles demasiada importancia. ¿Había aprendido por fin a valorar la experiencia y no el objeto?

Esa noche cavaron un pequeño agujero en la tierra. En él encendieron fuego y colocaron varias piedras para que se calentaran. Cuando el fuego se extinguió y sólo quedaban las rocas, añadieron ramitas húmedas, luego gruesas raíces de plantas y finalmente hierba seca. Taparon el agujero con arena y aguardamos como si se tratara de pasteles metidos en el horno. Después de una hora aproximadamente, desenterramos aquel maravilloso alimento y nos lo comimos agradecidos.

Antes de dormirme esa noche, sin la comodidad de una piel de dingo, me vino a la mente la conocida plegaria de la serenidad: «Que Dios me conceda serenidad para aceptar las cosas que no puedo cambiar, el valor para cambiar las cosas que sí puedo y la sabiduría para apreciar la diferencia».

28

Bautismo

Tras la lluvia torrencial aparecieron flores como por ensalmo. El paisaje pasó de la nada estéril a una alfombra de color. Caminamos sobre flores, las comimos y nos pusimos guirnaldas por todo el cuerpo. Fue maravilloso.

Nos acercábamos a una costa, dejando el desierto tras de nosotros. La vegetación era cada día más frondosa. Las plantas y los árboles eran más altos y numerosos. La comida, más abundante. Había una nueva variedad de semillas, brotes, granos y frutos silvestres. Un hombre hizo una pequeña incisión en un árbol. Sostuvimos los nuevos pellejos de agua bajo la incisión y vimos cómo el agua caía directamente del árbol al recipiente. Tuvimos la primera oportunidad de pescar. El aroma del pescado ahumado persiste aún en mi memoria como un preciado recuerdo. Hallamos también huevos en abundancia, tanto de reptiles como de aves.

Un día llegamos a orillas de un magnífico estanque. No habían dejado de bromear durante todo el día, prometiéndome una sorpresa especial, y sin duda lo fue. El agua era fría y profunda. El amplio estanque ocupaba una rocosa depresión fluvial rodeada de densos matorrales, en una atmósfera selvática. Verdaderamente yo estaba muy entusiasmada, tal como imaginaban mis compañeros de viaje. El estanque parecía lo bastante grande para nadar, así que pedí permiso para hacerlo. Me dijeron que tuviera paciencia. El permiso me lo concederían o negarían los habitantes que gobernaban aquel territorio. La tribu realizó un ritual por el que solicitaban permiso para compartir el estanque. Mientras entonaban su cántico, la superficie del agua empezó a rizarse. La ondulación pareció iniciarse en el centro y moverse en dirección a la orilla opuesta a la que estábamos. Apareció entonces una larga cabeza plana, seguida por la rugosa piel de un cocodrilo, de cerca de dos metros. Había olvidado los cocodrilos. Acudió otro a la llamada y entonces ambos salieron del agua y se adentraron reptando entre el follaje. Cuando me dijeron que podía nadar, mi entusiasmo original se había esfumado.

«¿Tenéis la certeza de que han salido todos?», pregunté mentalmente. ¿Cómo podían estar seguros de que sólo había dos? Me tranquilizaron sumergiendo una larga rama de árbol en el agua y tanteando. No hubo reacción en las profundidades. Apostaron un centinela para vigilar el regreso de los cocodrilos y nos bañamos. Resultó refrescante chapotear en el agua y flotar; por primera vez en mucho tiempo noté la columna vertebral totalmente relajada.

Por extraño que parezca, el hecho de que me sumergiera sin miedo en el estanque de los cocodrilos fue en cierto modo el símbolo de un nuevo bautismo en mi vida. No había descubierto una nueva religión, pero sí una nueva fe.

Reanudamos la marcha del día evitando acampar cerca del estanque. El segundo cocodrilo con el que tropezamos era mucho más pequeño, y por la manera en que apareció pensé que se convertiría en nuestra cena. Los Auténticos no suelen comer carne de cocodrilo. Consideran que el comportamiento de este reptil es agresivo y taimado. La vibración de la carne comida puede mezclarse con las vibraciones personales, haciendo que a la persona le resulte más difícil seguir siendo pacífica. Antes habíamos cocinado unos huevos de cocodrilo, que por cierto tenían un sabor horrible. Sin embargo, cuando le pides al universo que te proporcione el alimento, no rechazas lo que te envía. Sencillamente, sabes que en el gran escenario del mundo todo está en orden, así que sigues la corriente, tragas de golpe.

Mientras caminamos a lo largo de la corriente hallamos numerosas culebras de agua. Las mantuvieron con vida para disponer de alimentos frescos a la hora de cenar. Cuando acampamos observé que algunos sujetaban las serpientes con fuerza y se llevaban la siseante cabeza a la boca. Después las agarraron firmemente con los dientes y las retorcieron con un fuerte y súbito movimiento que les produjo la muerte instantánea e indolora en honor al propósito de la existencia de estas criaturas. Yo sabía que ellos creían firmemente en que la Divina Unidad no planeaba sufrimiento alguno para ninguna criatura viviente, excepto lo que la criatura aceptaba por sí misma, creencia que se aplica tanto a la humanidad como a los animales. Mientras se ahumaban las serpientes, me senté sonriente pensando en un viejo amigo, el doctor Carl Cleveland, y en los años que se había pasado insistiendo en la precisión de movimientos cuando enseñaba a los alumnos a reducir luxaciones. Algún día, me dije, compartiría la actividad de ese momento con él.

«No debería existir sufrimiento para criatura alguna excepto el que ella acepte por sí misma.» Era una idea a considerar. Mujer Espíritu me explicó que cada alma individual en el más alto nivel de nuestra existencia puede elegir, y en ocasiones lo hace, un cuerpo imperfecto para nacer; a menudo llegan para enseñar e influir en las vidas con las que entra en contacto. Mujer Espíritu dijo que los miembros de la tribu que habían sido asesinados en el pasado habían elegido vivir plenamente antes del nacimiento, pero en algún momento de su vida también habían elegido ser parte de una prueba esclarecedora para otra alma. Si los mataban era porque así lo habían aceptado a un nivel eterno, e indicaba tan sólo hasta qué punto comprendían lo que era «eternamente». Esa muerte significaba que el asesino había fracasado y que volvería a ser puesto a prueba en algún momento del futuro. Todas las enfermedades y los trastornos, creen ellos, tienen alguna relación espiritual, y serían como las piedras por las que se cruza un río si los Mutantes quisieran abrirse y escuchar a sus cuerpos para enterarse de lo que está ocurriendo.

Esa noche, en un desierto negro y uniforme, oí al mundo

que cobraba vida y me di cuenta de que por fin había superado mi miedo. Tal vez hubiera comenzado siendo una reticente alumna de ciudad, pero al cabo de mi viaje me parecía bueno haber tenido la experiencia en el *Outback*, donde sólo existe la tierra, el cielo y la vida antigua, donde están presentes las escamas, los colmillos y las garras prehistóricas, dominados sin embargo por gentes intrépidas.

Sentí que por fin estaba preparada para enfrentarme con la vida que al parecer había elegido heredar.

29

Liberada

Tras una buena escalada acampamos en un terreno elevado, a una altitud mucho mayor a la acostumbrada. El aire era fresco y vivificante y me dijeron que el océano estaba cerca, aunque no se veía.

Era de mañana, muy temprano. Todavía no había salido el sol, pero muchos de mis compañeros se habían levantado ya. Prepararon una fogata matinal, raro acontecimiento. Alcé la vista y vi al halcón posado en un árbol sobre mi cabeza.

Realizamos el acostumbrado ritual de cada mañana y luego Cisne Negro Real me cogió de la mano y me acercó más al fuego. Outa me dijo que el Anciano quería expresar una bendición especial. Los demás se congregaron en derredor; yo me hallaba dentro de un círculo de brazos extendidos. Todos los ojos estaban cerrados y los rostros apuntaban hacia el cielo. Cisne Negro Real habló a las alturas. Outa me tradujo:

«Hola, Divina Unidad. Nos hallamos aquí ante ti con una Mutante. Hemos caminado con ella y sabemos que todavía conserva una chispa de tu perfección. Hemos influido en ella y la hemos cambiado, pero transformar a un Mutante es una tarea muy difícil.

»Verás que su extraña piel pálida se está volviendo de un tono moreno más natural y que su pelo blanco crece y se aparta de su cabeza en el que ha enraizado un hermoso cabello oscuro. Pero no hemos podido alterar el extraño color de sus ojos.

»Hemos enseñado mucho a la Mutante y hemos aprendido de ella. Parece ser que los Mutantes tienen algo en su vida llamado salsa. Conocen la verdad, pero la entierran bajo el espesor y las especias de la conveniencia, el materialismo, la inseguridad y el miedo. También tienen algo en sus vidas que llaman glaseado. Al parecer representa el modo en que malgastan casi toda su existencia en proyectos superficiales, artificiales, temporales, de agradable sabor y atractiva apariencia, pero dedican muy pocos segundos a desarrollar su ser eterno.

»Hemos elegido a esta Mutante y la liberamos, como un pájaro al borde del nido, para que se aleje volando, muy alto y muy lejos, y para que chille como la cucaburra, y le cuente a sus oyentes que nosotros nos vamos.

»No juzgamos a los Mutantes. Rezamos por ellos y los liberamos, al igual que rezamos y nos liberamos a nosotros mismos. Rezamos para que examinen detenidamente sus acciones y sus valores y para que aprendan antes de que sea demasiado tarde que toda la vida es una. Rezamos para que dejen de destruir la Tierra y de destruirse a sí mismos. Rezamos para que haya suficientes Mutantes a punto de convertirse en Auténticos que cambien las cosas.

»Rezamos para que el mundo Mutante escuche y acepte a nuestra mensajera.

»Fin del mensaje.»

Mujer Espíritu me acompañó un trecho y, cuando el sol empezaba a despuntar, señaló la ciudad que se extendía ante nosotros. Había llegado la hora de regresar a la civilización. Su arrugado rostro moreno y sus penetrantes ojos negros miraron más allá del borde del risco. Habló entonces en su áspera lengua nativa, sin dejar de señalar la ciudad, y yo comprendí que aquélla sería una mañana de liberación, que la tribu me liberaba, que mis maestros me dejaban marchar. ¿Hasta qué punto había aprendido sus lecciones? Sólo el tiempo lo diría. ¿Lo recordaría todo? Era extraño, pero me preocupaba más el mensaje que debía entregar que mi vuelta a la sociedad *aussie*.

Regresamos al grupo, y cada uno de los miembros de la tribu se despidió de mí. Intercambiamos lo que parece ser una forma universal de despedida entre amigos verdaderos, un abrazo. Outa dijo: «Nada podíamos darte que tú no tuvieras ya, pero creemos que, aunque no pudiéramos darte nada, tú has aprendido a aceptar, a recibir y a tomar de nosotros. Ése es nuestro regalo». Cisne Negro Real me cogió las manos. Me pareció que tenía lágrimas en los ojos. Recuerdo que yo sí las tenía. «Por favor, no pierdas jamás tus dos corazones, amiga mía –dijo, y Outa me tradujo sus palabras–. Viniste a nosotros con dos corazones abiertos. Ahora están llenos de comprensión y emoción, tanto para nuestro mundo como para el tuyo. Tú también me has dado a mí el regalo de un segundo corazón. Ahora tengo conocimientos y comprensión que van más allá de lo que hubiera podido imaginar. Aprecio tu amistad. Ve en paz, nuestros pensamientos están puestos en tu protección.»

Sus ojos parecieron iluminarse desde el interior cuando añadió con aire pensativo: «Volveremos a encontrarnos, sin nuestros molestos cuerpos humanos».

30

¿Final feliz?

Me alejé caminando con el convencimiento de que mi vida no volvería a ser jamás tan sencilla y plena de significado como lo había sido aquellos meses, y de que una parte de mí siempre desearía regresar.

Me llevó la mayor parte del día recorrer la distancia que me separaba de la ciudad. No tenía la menor idea de cómo me las arreglaría para volver desde aquel lugar, fuera el que fuese, a la casa que tenía alquilada. Vi la autopista, pero no creí que fuera buena idea caminar por ella, así que seguí por entre la maleza.

En cierto momento me volví para mirar atrás y, justo entonces, una ráfaga de viento surgió de la nada para eliminar mis huellas en la arena como una enorme goma que pareció borrar mi existencia en el *Outback*. Mi vigilante periódico, el halcón pardo, sobrevoló mi cabeza justo cuando llegaba a los límites de la ciudad.

Vi a lo lejos a un hombre mayor. Vestía tejanos, camisa deportiva metida bajo el grueso cinturón y un viejo sombrero verde desgastado, típico de Australia. Cuando me acerqué, sus ojos (en lugar de sonreír) se abrieron con incredulidad. El día anterior yo tenía todo lo que necesitaba: comida, ropa, abrigo, cuidados, compañeros, música, entretenimiento, apoyo, una familia y mucha risa; todo gratis. Pero aquel mundo había desaparecido.

En ese momento, a menos que mendigara dinero, no podría funcionar. Todo lo necesario para la subsistencia había de ser comprado. No me quedaba otra alternativa; me veía reducida a una mendiga sucia y desharrapada. Era una vagabunda de las que caminan con su hatillo por las calles, y ni siquiera tenía hatillo. Sólo yo conocía a la persona que se ocultaba bajo un exterior de pobreza y suciedad. Mi relación con los desheredados del mundo cambió para siempre en aquel instante.

Me acerqué al australiano y pregunté: «¿Podría prestarme una moneda? Acabo de salir del desierto y he de llamar por teléfono. No tengo dinero. Si quiere darme su nombre y dirección, se lo devolveré.»

Él siguió mirándome, tan fijamente que las arrugas de su frente cambiaron de dirección. Luego se metió la mano derecha en el bolsillo y sacó una moneda, mientras se tapaba la nariz con la mano izquierda. Yo sabía que volvía a oler mal. Hacía dos semanas que me había bañado sin jabón en el estanque de los cocodrilos. El hombre meneó la cabeza, poco interesado en que le devolviera el dinero, y se alejó a paso vivo.

Recorrí unas cuantas calles y vi a un grupo de niños esperando el autobús escolar de la tarde que los llevaría de vuelta a casa. Todos tenían el típico aspecto atildado de la juventud australiana uniformada. Sus ropas eran idénticas; sólo los zapatos denotaban un cierto indicio de expresión individual. Los niños clavaron los ojos en mis pies desnudos, que más parecían una mutación en forma de pezuñas que los apéndices de una hembra humana.

Sabía que tenía un aspecto horrible y esperaba tan sólo que mi aspecto no les asustara por lo escaso de mis ropas y por mis cabellos sin peinar durante más de ciento veinte días. La piel del rostro, los hombros y los brazos se me había pelado tan a menudo que estaba llena de pecas y manchas. ¡Además, me acababan de confirmar con toda franqueza que apestaba!

–Perdonadme –les dije–. Acabo de salir del desierto. ¿Podéis decirme dónde puedo encontrar un teléfono y la oficina de telégrafos?

Su reacción fue tranquilizadora. No estaban asustados; se limitaron a sonreír y soltar risitas. Mi acento americano aportó una nueva prueba a la creencia básica de los *aussies*: todos los norteamericanos son unos excéntricos. Me dijeron que había una cabina telefónica a dos manzanas.

Llamé a mi consultorio y les pedí que me mandaran un giro postal. Ellos me dieron la dirección de la compañía de telégrafos. Fui caminando hasta allí y, por la expresión de sus rostros cuando llegué, comprendí que les habían avisado de que debían esperar a alguien con un aspecto muy poco usual. La empleada me entregó el dinero sin la necesaria identificación, aunque con cierta reticencia. Mientras yo recogía el fajo de billetes, la mujer nos roció al mostrador y a mí con un aerosol desinfectante.

Con dinero en la mano, cogí un taxi que me llevó a una tienda de artículos a precio reducido, donde compré pantalones, camisa, chancletas de goma, champú, cepillo para el pelo, pasta dentífrica, cepillo de dientes y pasadores para el pelo. El taxista se detuvo en un mercado al aire libre, donde compré fruta fresca y media docena de diferentes zumos en envases de cartón. Luego me llevó a un motel y esperó hasta ver si me aceptaban. Ambos nos preguntábamos si lo harían, pero el dinero al contado parece tener más peso que un aspecto dudoso. Abrí el grifo de la bañera y di gracias por este bendito invento. Mientras se llenaba, reservé por teléfono un billete de avión para el día siguiente. Después pasé tres horas en la bañera, ordenando los detalles de mis últimos años y en especial de los últimos meses de mi vida.

Al día siguiente tomé un avión, con el rostro bien frotado, el cabello horrible pero limpio y caminando torpemente con las chancletas, que había tenido que cortar para que me cupieran los pies con sus nuevos cascos. ¡Pero olía maravillosamente! Había olvidado comprar ropa con bolsillos, así que llevaba el dinero metido dentro de la camisa.

La casera se alegró de verme. Yo tenía razón: ella había dado la cara durante mi ausencia. No hubo ningún problema; sencillamente debía unos meses de alquiler. El afable comerciante australiano que me había alquilado el televisor y el vídeo justo antes de que me fuera no había enviado siquiera un aviso, ni había intentado recuperar su equipo. También él se alegró de verme. Sabía que yo no me iría sin devolverle sus artículos y liquidar la cuenta. Mi proyecto seguía allí, aguardando que le prestara atención. Los participantes en el programa de salud estaban preocupados, pero bromearon y me preguntaron si había estado buscando un filón de ópalos en lugar de volver a la oficina.

Me enteré de que el propietario del jeep había acordado con Outa que si él y yo no regresábamos, iría al desierto a buscar su vehículo y luego llamaría a la persona que me había contratado. Fue él quien les dijo que yo me había ido de *walkabout*, lo que significaba destino desconocido y atemporalidad de los viajes aborígenes. No habían tenido más remedio que aceptar mis acciones. Ningún otro podía completar mi proyecto, así que lo tenía allí, esperándome.

Llamé a mi hija. Se sintió emocionada al oír todo lo que me había ocurrido y confesó que en ningún momento se había inquietado por mi desaparición. Estaba convencida de que si yo me hubiese encontrado en algún problema serio ella lo habría presentido. Abrí la correspondencia acumulada y me enteré de que el pariente encargado de tales menesteres me había excluido del habitual intercambio familiar navideño... No había excusa posible por no haberles enviado los regalos correspondientes.

Conseguí que mis pies aceptaran de nuevo medias y zapatos tras largo tiempo de tenerlos en remojo, utilizar piedra pómez y aplicarme pomada. Incluso llegué a utilizar un cuchillo eléctrico para cortar la mayor parte del tejido muerto. Descubrí que me sentía agradecida por los más extraños objetos, como la maquinilla con que me afeité el vello de las axilas, el colchón en el que apoyaba la cabeza o un rollo de papel higiénico. Intenté una y otra vez hablar a la gente de la tribu que había llegado a amar. Traté de explicarles su modo de vida, su sistema de valores y la mayor parte de su preocupado mensaje sobre el planeta. Cada vez que leía algo nuevo en los periódicos sobre la gravedad del daño producido en el medio ambiente y las predicciones sobre la posibilidad de que las más frondosas selvas acabaran carbonizadas, sabía que era cierto; la tribu de los Auténticos debía partir. Apenas podían sobrevivir con los alimentos que les habían dejado, por no hablar de los efectos de futuras radiaciones. Tenían razón cuando afirmaban que los humanos no producen oxígeno; ésta es tarea reservada a árboles y plantas. En palabras suyas, «estamos destruyendo el alma de la Tierra». Nuestra avidez por la tecnología ha puesto al descubierto una profunda ignorancia que es una seria amenaza para toda la vida, una ignorancia que sólo el respeto por la naturaleza puede remediar. La tribu de los Auténticos se ha ganado el derecho a no preservar su raza en este planeta superpoblado. Desde el principio de los tiempos han sido gentes sinceras, honestas y pacíficas, que no han dudado jamás de su relación con el universo.

No conseguía comprender por qué ninguna de las personas con quienes hablaba mostraba interés por los valores de los Auténticos. Me di cuenta entonces de que veían una amenaza en comprender lo desconocido, en aceptar lo que parece diferente. Pero yo intenté explicarles que tal vez nuestra conciencia se ensancharía, que quizá solucionaría nuestros problemas sociales, y que tal vez incluso podría curar nuestras enfermedades. Fue como hablar a la pared. Los australianos se pusieron a la defensiva. Tampoco Geoff, que había insinuado incluso la posibilidad de casarnos, quiso aceptar que de los aborígenes pudiera surgir la sabiduría. Me dio a entender que le parecía fantástico que yo hubiera experimentado una aventura en la vida y que esperaba que por fin sentara la cabeza y aceptara el papel que se esperaba de una mujer. Cuando terminó mi proyecto sanitario abandoné Australia sin haber transmitido mi experiencia con los Auténticos.

Parecía que la siguiente etapa de mi viaje vital escapaba a mi control, pero en realidad estaba siendo dirigido por el más alto nivel de poder.

De vuelta a Estados Unidos, el hombre que se sentaba a mi lado en el reactor entabló conversación. Era un hombre de negocios de mediana edad, con uno de esos vientres abultados que parecen a punto de estallar. Charlamos sobre temas diversos y finalmente sobre los aborígenes australianos. Le conté mi experiencia en el *Outback*. Él me escuchó atentamente, pero sus comentarios finales parecieron resumir la reacción que ya antes había obtenido de otras personas. Dijo: «Bueno, nadie sabía que esa gente existía, y si ahora se van, bueno, ¿y qué? Francamente, no creo que a nadie le importe un comino. Además –añadió–, son sus ideas contra las nuestras, ¿y va a estar equivocada toda una sociedad?».

Durante varias semanas mis pensamientos sobre los maravillosos Auténticos permanecieron envueltos en papel de regalo y sellados en mi corazón. Aquella gente había afectado mi vida con tanta intensidad que temía hablar, porque preveía una reacción negativa y me parecía que era como echarle miel a los cerdos. Pero poco a poco empecé a notar que mis viejos amigos tenían un auténtico interés. Algunos me pidieron que contara mi increíble experiencia a grupos de gente. La respuesta fue siempre la misma: oyentes extasiados, personas que comprendían que lo hecho no podía deshacerse pero sí cambiarse.

Cierto, la tribu de los Auténticos desaparecerá, pero quedará su mensaje entre nosotros, a pesar de nuestros estilos de vida y actitudes cubiertos de salsas y glaseados. No es que deseemos convencer a la tribu para que se quede, para que tengan más hijos. Eso no es asunto nuestro. Lo que debe importarnos es poner en práctica sus valores pacíficos y llenos de significado. Ahora sé que todos tenemos dos vidas: la que nos sirve para aprender y la que vivimos según ese aprendizaje. Ha llegado la hora de escuchar los asustados lamentos de nuestros hermanos y hermanas y de la propia tierra dolorida. Tal vez el futuro del mundo se halle en mejores manos si nos olvidamos de descubrir cosas nuevas y nos concentramos en recuperar nuestro pasado.

La tribu no critica nuestros modernos inventos. Ellos honran el hecho de que la existencia humana sea una experiencia de expresividad, creatividad y aventura. Pero creen que, en su búsqueda de conocimientos, los Mutantes no deben olvidar la frase «Si es por el bien supremo de la vida en todas partes». Su esperanza es que nosotros sepamos reconsiderar el valor de nuestras posesiones materiales y adaptarlas en consonancia. También creen que la humanidad está más cerca que nunca de experimentar el paraíso. Tenemos la tecnología para alimentar a todos los seres humanos del planeta y los conocimientos para proporcionar libertad de expresión, autoestima, cobijo y demás necesidades a todos los habitantes del planeta si así lo deseáramos.

Con el aliento y apoyo de mis hijos y amigos más íntimos, empecé a redactar mi experiencia en el *Outback* y también a dar charlas allá donde me invitaran, en organizaciones cívicas, prisiones, iglesias, escuelas y otros lugares. Las reacciones fueron encontradas. El Ku Klux Klan me declaró enemiga; otro grupo de Idaho adepto a la supremacía blanca colocó mensajes racistas en todos los coches del aparcamiento en el lugar de mi charla. Unos cristianos ultraconservadores respondieron a mis palabras afirmando que ellos creían que la nación del *Outback* era pagana y estaba condenada al infierno. Cuatro reporteros de un programa de investigación de la televisión australiana se presentaron en Estados Unidos, se escondieron en un armario durante una de mis conferencias e intentaron desmentir todo lo que yo decía. Tenían la absoluta certeza de que ningún aborigen había escapado al censo para seguir viviendo en el desierto. Me llamaron impostora. Pero también se produjo un maravilloso equilibrio de fuerzas. Por cada comentario despectivo hubo otra persona ansiosa por saber más sobre la telepatía, sobre el modo de reemplazar las armas por ilusiones y por conocer más detalladamente los valores y técnicas que utilizan los Auténticos en su estilo de vida.

Hay gente que me pregunta hasta qué punto ha cambiado mi vida tras esta experiencia. Mi respuesta es: profundamente.

Mi padre falleció cuando regresé a Estados Unidos. Yo estuve junto a él, sosteniéndole la mano, amándole y apoyándole en su viaje. El día después del funeral le pedí a mi madrasta un recuerdo de mi padre, un gemelo de camisa, una corbata, un viejo sombrero, cualquier cosa. Ella se negó. «No hay nada para ti», me dijo. En lugar de reaccionar con acritud, como tal vez hubiera hecho en otro tiempo, respondí bendiciendo mentalmente el alma querida de mi padre y abandonando la casa de mis padres por última vez, orgullosa de mi propia existencia; miré hacia el cielo despejado y le guiñé un ojo a mi padre.

Ahora creo que no hubiera aprendido nada si mi madrastra me hubiera respondido afectuosamente: «Por supuesto. Esta casa está llena de las cosas de tus padres; coge algo que te sirva como recuerdo de tu padre». Eso era lo que yo esperaba. Mi evolución se produjo cuando me negaron lo que era mío por derecho y yo reconocí la dualidad. Los Auténticos me dijeron que el único modo de superar una prueba es realizarla. Ahora estoy en un momento de mi vida en el que soy capaz de hallar una oportunidad para superar una prueba espiritual aunque la situación parezca muy negativa. He aprendido la diferencia entre observar lo que ocurre y juzgarlo. He aprendido que todo es una oportunidad para el enriquecimiento espiritual.

Recientemente, alguien que había oído una de mis conferencias quiso presentarme a un hombre de Hollywood. Era enero, en Missouri, una fría noche de nieve. Cenamos juntos y me pasé horas hablando mientras Roger y los demás invitados permanecían sentados comiendo y tomando luego el café. A la mañana siguiente el hombre llamó para discutir la posibilidad de hacer una película.

—¿Adónde se fue anoche? —preguntó—. Estábamos pagando la cuenta, recogiendo los abrigos y despidiéndonos, cuando alguien señaló que usted había desaparecido. Miramos fuera, pero usted se había desvanecido. Ni siquiera había huellas en la nieve.

–Sí –repliqué. La respuesta se formó en mi mente como una idea escrita en cemento húmedo–. Tengo la intención de hacer uso durante el resto de mi vida de los conocimientos que adquirí en el *Outback*. ¡De todo! ¡Incluso de la magia de la ilusión!

Yo, Burnam Burnam, aborigen australiano de la tribu wurundjeri, declaro por la presente que he leído todas y cada una de las palabras del libro Las voces del desierto. *Éste es el primer libro en toda mi experiencia vital que he leído de un tirón. Lo he hecho con gran emoción y respeto. Es un clásico y no viola la confianza depositada en la autora por nosotros, los Auténticos. Retrata en cambio nuestro sistema de valores e ideas esotéricas de modo que me hacen sentir extremadamente orgulloso de mi herencia.*

Al contarle al mundo sus experiencias, la autora ha rectificado un error histórico. En el siglo XVI, el explorador holandés William Dampier escribió de nosotros que éramos «el pueblo más primitivo y despreciable sobre la faz de la Tierra». Las voces del desierto *nos eleva a un plano más alto de la conciencia y nos convierte en los seres regios y majestuosos que en realidad somos.*

Carta de BURNAM BURNAM,
anciano wurundjeri

Índice

Este libro es una obra de ficción inspirada en mis experiencias en Australia. Los hechos podrían haber tenido lugar en África o en Suramérica, o en cualquier sitio en que el auténtico sentido de la civilización aún perdure. Depende del lector el extraer algún mensaje de esta historia.

Título de la edición original: *Mutant Message Down Under*
Traducción del inglés: Gemma Moral Bartolomé,
cedida por Ediciones B, S.A.
Diseño e ilustración: Winfried Bährle
Foto de solapa: © Haub Photography

Círculo de Lectores, S.A. (Sociedad Unipersonal)
Valencia, 344, 08009 Barcelona
3 5 7 9 7 9 0 7 8 6 4 2

Depósito legal: B. 24993-1997
Fotocomposición: Digital Screen
Impresión y encuadernación: Printer industria gráfica, s.a.
N. II, Cuatro caminos s/n, 08620 Sant Vicenç dels Horts
Barcelona, 1997. Impreso en España
ISBN 84-226-6587-5
N.º 31427